Captura

Olúfẹ́mi O. Táíwò

Captura

Como a elite sequestrou as políticas de identidade

Tradução:
Maria Fernanda Novo e Teófilo Reis

ZAHAR

Grafia atualizada segundo o Acordo Ortográfico da Língua Portuguesa de 1990, que entrou em vigor no Brasil em 2009.

Título original
Elite Capture: How the Powerful Took Over Identity Politics (and Everything Else)

Capa
Thiago Lacaz

Preparação
Mariana Bastos

Índice remissivo
Probo Poletti

Revisão
Adriana Bairrada
Thaís Totino Richter

Dados Internacionais de Catalogação na Publicação (CIP)
(Câmara Brasileira do Livro, SP, Brasil)

Táíwò, Olúfẹ́mi O.
Captura : Como a elite sequestrou as políticas de identidade / Olúfẹ́mi O. Táíwò ; tradução Maria Fernanda Novo e Teófilo Reis. — 1ª ed. — Rio de Janeiro : Zahar, 2025.

Título original : Elite Capture : How the Powerful Took Over Identity Politics (and Everything Else).
ISBN 978-65-5979-229-0

1. Elite (Ciências sociais) 2. Identidade política 3. Identidade política – Aspectos sociais 4. Política e cultura I. Título.

25-285285 CDD-306.2

Índice para catálogo sistemático:
1. Elites : Sociologia política 306.2

Cibele Maria Dias — Bibliotecária — CRB-8/9427

EDITORA SCHWARCZ S.A.
Praça Floriano, 19, sala 3001 — Cinelândia
20031-050 — Rio de Janeiro — RJ
Telefone: (21) 3993-7510
www.companhiadasletras.com.br
www.blogdacompanhia.com.br
facebook.com/editorazahar
instagram.com/editorazahar
x.com/editorazahar

Sumário

Prefácio a esta edição
Pactos da identidade: Uma tragédia em vários atos

No conto "Pai contra mãe", publicado originalmente em 1906, Machado de Assis expõe de forma trágica como as estruturas sociais operam por meio das posições hierárquicas e das identidades. Na trama, Cândido, um endividado caçador de escravos, leva, desconsolado, seu filho para a roda dos enjeitados. No caminho, cruza com Arminda, escravizada fugida sobre quem há uma grande recompensa anunciada. Cândido agarra a oportunidade que o acaso lhe oferece e captura Arminda, que, grávida, implora pela sua liberdade e pela vida de seu filho. O narrador descreve o confronto: "Houve aqui luta, porque a escrava, gemendo, arrastava-se a si e ao filho. Quem passava ou estava à porta de uma loja, compreendia o que era e naturalmente não acudia". Ao fim, Arminda é devolvida a seu dono e sofre um aborto. Cândido, ao receber a recompensa, consegue evitar a entrega de seu próprio filho para a adoção. Machado conclui: "Nem todas as crianças vingam". Cândido e Arminda são esmagados por uma mesma estrutura. Porém, as formas de esmagamento são radicalmente distintas. Em outro momento do conto, Cândido chega a capturar por engano um homem negro livre, o que lhe rende uma surra, num episódio que aponta como determinados sujeitos estão vulneráveis a maiores precariedades dentro de uma ordem social complexa. A narrativa evidencia que, na relação entre sujeitos vulnerabilizados pelas identidades que lhes foram impostas, suas posições se tornam equivalentes do ponto de vista da autoridade à qual é concedido o poder de controlar as regras sociais. Em última análise, nem Cândido nem Arminda são de fato livres. Cândido é livre da escravidão, mas a profunda pobreza em que vive limita de forma brutal suas ações, a ponto de levá-lo a quase doar seu filho. Já Arminda não conta sequer com a frágil liberdade de Cândido, pois é uma mulher escravizada cuja fuga temporária fracassou. E embora o conto de Machado enfatize uma época passada, a dinâmica social complexa que faz com que pessoas experimentem vulnerabilidades de formas distintas ainda se faz presente. Nesse sentido, este livro de Olúfẹ́mi O. Táíwò nos ajuda a entender um aspecto dessa dinâmica de precariedade na sociedade contemporânea.

Captura: Como a elite sequestrou as políticas de identidade apresenta uma forma filosófica para descrever o funcionamento das elites que controlam os enunciados sobre a identidade. Mas não descreveremos aqui a rede conceitual que torna possível que essa estrutura se mantenha de pé, como faz Táíwò — propomos, antes, percorrer alguns dos atos de uma tragédia na qual as elites brasileiras possuem um papel de destaque: a tragédia da criação dos pactos de identidade, organizados principalmente ao redor da ideia de identidade nacional. A criação desses pactos requer uma reconstrução seletiva da história e saltos de argumentação que repetem a lógica utilizada na construção das identidades das nações europeias, que no papel parecem inclusivas e abertas para populações vindas de ex-colônias, pautadas em valores republicanos, mas na prática ainda submetem essas populações a um status e a funções sociais diferenciadas e inferiorizadas. De forma análoga, dizer que o negro e o indígena são brasileiros não garantiu a eles nenhuma das premissas de formação do Estado brasileiro: posse de terra e monopolização do valor gerado pela expropriação da terra e dos seus próprios trabalhos.

Como mostra Denise Ferreira da Silva, o arsenal jurídico/científico e a historiografia são centrais para o ordenamento do Estado-capital, e no caso do Brasil foi decisivo na escrita do sujeito nacional brasileiro feita pelas elites a partir das premissas válidas, até então, apenas para o sujeito que detinha os descritores da universalidade e autodeterminação, ou seja, o europeu. Ainda no Império, a preocupação das elites se concentrava em como eliminar os traços dos afrodescendentes e nativos da definição da nação. A impossibilidade da tarefa foi decisiva para que se construísse a solução da mestiçagem como algo constitutivo e original do sujeito nacional e da "democracia tropical" que se formava — solução que animou o desenvolvimento de um vasto repertório histórico-sociológico sobre as glórias da nação mestiça, nas primeiras décadas do século XX. Contudo, o significante que continuava orientando a ideia do sujeito nacional não eram os afrodescendentes e indígenas, mas sim a hierarquia baseada na escala racial. Lélia Gonzalez, por sua vez, enquadra a babá e a africanidade a ela atribuída, por exemplo, como símbolo eclipsado na identidade nacional: ela pode até existir no retrato de família, mas não no testamento que garante o usufruto da propriedade e do valor expropriado do trabalho feito por gerações de famílias, homens, mulheres e crianças negras.

O período a partir de 2003 foi marcado decisivamente pelo reordenamento no jogo de forças da política institucional, com a criação de uma série de intervenções jurídicas para garantir o que a elite brasileira nunca concedeu de forma espontânea às populações negras e indígenas: direito à educação, autonomia institucional, garantia de integridade, acesso pleno ao Estado e também garantia do direito à memória. Esses importantes e ainda incompletos passos foram dados pela contínua pressão dos movimentos negros e indígenas, que atravessa toda a história do Estado brasileiro e se intensifica nas últimas décadas. A identidade brasileira forjada pelas elites, de caráter regional, econômico ou cultural, sempre andou em descompasso com as reais condições de vida e existência social e política das populações negras e indígenas, cujas lutas históricas foram constantemente reprimidas em nome dessa identidade. Volta e meia projetos políticos e teóricos tentavam organizar o país colonial fraturado numa ideia de nação em que a diferença dá lugar a uma igualdade figurativa. Contudo, sempre que a identidade nacional ameaçava plasmar no debate público, a exemplo da identidade forjada a partir de amarrações teórico-científicas como o mestiço, algum grito irrompia para relembrar que as populações tornadas figurativamente iguais não eram de fato iguais.

Assim, o Brasil entrou no século XXI vivendo um grande impasse, que deixaria suas elites numa saia justa, porque o controle das instituições e das narrativas da história oficial foi decisivamente abalado. Por força da pressão social, uma série de legislações reorientaria a política estatal para garantir a participação dos negros e indígenas no ensino público superior. Nesse cenário, o ano de 2006 ocupa um lugar de destaque, pois foi quando ocorreu a chamada "guerra dos manifestos", ocasião em que grupos favoráveis e contrários à política de cotas raciais, que viria a culminar no estatuto da igualdade racial, publicaram documentos expressando suas posições. O manifesto divulgado pelo lado contrário às referidas políticas argumentava que as cotas raciais transformariam "classificações estatísticas gerais, como as do IBGE, em identidades", abrindo uma caixa de Pandora que exacerbaria o racismo no Brasil e acirraria a intolerância. A solução para o problema da desigualdade, propunha o manifesto, seria uma "verdade amplamente reconhecida": a adoção de políticas públicas universalistas na educação, saúde e previdência, que não fossem motivadas pela identidade.

A "verdade amplamente reconhecida", ao que parece, ou não era tão verdadeira, ou não era tão amplamente reconhecida, uma vez que ocultava a vasta mobilização dos movimentos negros, que pelo menos desde a década de 1970 reivindicava a democratização do ensino superior. Ao vender políticas pretensamente universalistas como solução e "verdade amplamente reconhecida", o manifesto contra cotas indicava que o apelo a tais políticas tinha raízes na versão da nação mestiça que dominou o debate público ao longo do último século. Estabelecer políticas a partir de critérios raciais se tornaria o pesadelo das elites, que construíram a identidade do sujeito nacional neutralizando os elementos negros e indígenas em nome da mestiçagem. Aos defensores da política restavam as alcunhas de separatistas, extremistas, e não raro reduzia-se a discordância à ignorância ou a uma forma de apego inadequado à identidade, a exemplo do argumento conservador sustentado pela ideia de que as cotas poderiam desequilibrar a democracia brasileira, já que o acesso universal aos direitos constitucionais seria supostamente comprometido. Entre os progressistas ecoava a crítica de que a classe perderia sua função e sua força na disputa por políticas redistributivas.

Os anos e argumentos que separam a reação conservadora da implementação das cotas étnico-raciais e a promulgação da Lei de Cotas (Lei nº 12711/2012) foram suficientes para comprovar o que as pessoas negras e indígenas já sabiam desde sempre: a universidade no Brasil era branca. A Lei de Cotas regulamenta a destinação de vagas no ensino público superior federal para grupos étnico-raciais como negros, indígenas e quilombolas, pessoas com deficiência e provenientes de escola pública. O debate acirrado em torno da constitucionalidade da medida causava sobretudo uma fissura irreparável na identidade da elite brasileira. Isso porque sua posição de exclusividade intelectual estava sendo ameaçada por uma multidão de estudantes que ocupavam as salas das universidades pela primeira vez em gerações.

Algo similar foi visto em meio à discussão da PEC das domésticas durante os anos de 2012 e 2013. A extensão de direitos trabalhistas a uma parcela da população trabalhadora brasileira antes não abarcada por eles gerou um debate que demonstra de forma peculiar as estruturas sobre as quais se assenta nossa sociedade. O tratamento diferenciado do trabalho doméstico permanecia como uma triste relíquia do passado escravista do Brasil, quando eram atribuição de mulheres negras escravizadas. A transmutação da doméstica (uma categoria que tem gênero, raça e classe social) em trabalhadora com direitos afetou a vida de setores da sociedade que se beneficiavam de uma mão de obra abundante e parcamente remunerada. O debate por vezes envolveu tratar o privilégio de se explorar um outro grupo social como se direito fosse, exclusivo de uma camada da população composta majoritariamente de famílias de classe média e da elite econômica — porções da população que são racialmente vistas e autodeclaradas como brancas, o que adiciona ao debate a identidade racial, já que se evidenciava a divisão racial e, portanto, o privilégio das elites e da classe média brancas sobre a categoria de trabalhadoras domésticas, em maioria negras e necessariamente empobrecidas. Essa divisão fica evidente em matérias jornalísticas desse período, como a capa da revista *Época* que traz uma mulher branca vestida como uma executiva e manejando um aspirador de pó, com os dizeres "A vida sem empregada". Já a revista *Veja* trouxe na capa um homem branco de camisa social, gravata e avental lavando a louça, com a manchete "Você amanhã". Anos antes, em 2006, a mesma revista havia colocado na capa a imagem de uma jovem mulher negra, título de eleitor à mão, ao lado do texto "Ela pode decidir a eleição". Na sublegenda, informava-se ainda que aquela mulher negra, nordestina, de escolaridade média e baixa renda retratava o perfil do eleitor que decidiria as eleições de outubro daquele ano. O uso dos pronomes "você" e "ela" nas capas mencionadas, referindo-se a grupos bem especificados, escancara uma segregação social bem conhecida e visível na sociedade brasileira.

Ao longo do tempo, tornou-se evidente que as questões ligadas a identidade como política não sofriam oposição exclusivamente conservadora ou à direita. Setores majoritários da esquerda também se colocaram de forma contrária a tais debates, posição essa que se manifesta de diversas formas. Para alguns, o problema das identidades é que elas seriam irreais ou secundárias, pois se constituiriam, na melhor das hipóteses, em reflexos da única entidade real: a classe, que seria, na versão progressista, um conceito "cientificamente" apurado. Para outros, as identidades causam desnecessária divisão entre as pessoas, sendo, portanto, indesejáveis, o que corrobora a vocação apaziguadora do papel da mestiçagem na criação da identidade nacional. Para outros ainda, as identidades se referem a aspectos da esfera pessoal e essa, por sua vez, não deveria entrar na esfera política. Seja qual for o argumento, raça ou gênero, são identidades atribuídas aos "outros" — negros, indígenas e LGBTS —, o que contribui para a criação da versão brasileira do identitarismo como um jargão falado por todas as tendências políticas que não reconhecem a reivindicação de tais grupos sociais como prioridade na agenda política.

O febril ano de 2013 desestabiliza ainda mais a rigidez das elites brasileiras, e aos poucos ficou evidente que no meio do cabo de guerra erguiam-se abrigos variados para acolher grupos excluídos da cena política nacional. Candidaturas coletivas, LGBTQIAPN+, negros e indígenas passaram a disputar mais as eleições seguintes, tornando a política institucional um lugar possível para essas vozes. Porém, a elite brasileira, acostumada e satisfeita com seus privilégios trans-históricos, sentia a mínima reconfiguração democrática como uma ameaça, e contra-atacou anunciando novo pacto, ao mirar as políticas de identidade como o mais novo corpo estranho a ser combatido em nome da saúde da democracia brasileira. A "ameaça" pairava como um fantasma na cena política. De um lado, a extrema direita se organizava a partir dos antigos valores patriotas, o que exigia a construção de um inimigo difuso, que correspondia àqueles que perturbariam a ordem social com suas pautas étnico-raciais e de gênero. Do outro lado, a agenda progressista aceitava os grupos organizados em torno das políticas de identidade, porque a entidade classe homogênea se desvanecia como uma miragem do passado.

O breve apanhado histórico apresentado acima nos ajuda a entender o surgimento, no Brasil, dessa figura pouco precisa chamada identitarismo. Na ausência de uma definição estabelecida do termo, podemos recorrer à análise dos usos da palavra "identitarismo" para compreender a que ela se refere — ou, tomando emprestada uma expressão empregada por Táíwò, podemos "ler a sala". Usada com frequência por aqueles que se opõem ao debate sobre identidades na esfera política ou veem um excesso nesse discurso, a palavra parece se aplicar a qualquer fala que faça menção a identidades não hegemônicas, ou imaginadas como não hegemônicas. Ou seja, o identitarismo seria uma espécie de centralização das particularidades e das identidades na política, e portanto uma negação do que é geral ou universal. Assim, o identitário é sempre o outro. Nessa toada, homens em posições de poder se gabando publicamente de suas proezas sexuais não constituiriam um exemplo de identitarismo. Porém uma discussão sobre formas de se lidar com a violência doméstica, questão que atinge principalmente mulheres, seria uma pauta identitária. Analogamente, utilizar escolas públicas como espaço para proselitismo cristão não cairia na chave do identitarismo, enquanto defender o respeito às religiões de matriz africana seria exigência típica dos identitários.

A flexibilidade dos termos "identitarismo" e "identitário" permite um esvaziamento das questões sobre identidade, questões que possuem um aspecto político de fundamental relevância. Tal esvaziamento é conveniente e vem sendo explorado por diversos atores da política. O resultado da combinação do esvaziamento com a flexibilidade atua de forma perversa ao permitir que tudo o que não é imaginado como hegemônico seja simplesmente excluído da política, quando não explicitamente combatido. No fundo, a manobra política chamada identitarismo é um meio pelo qual as elites continuam a dominar o enunciado sobre as identidades outras. A dominação é uma expressão não apenas da elite econômica e política; o mesmo fenômeno se repete na formação de qualquer que seja o grupo dominante que se articule para silenciar, subalternizar e ofuscar os demais. Mas, como nos apresenta Táíwò, as identidades sociais e as políticas de identidade não são o que define a subalternidade: o problema é o que permite a criação de um grupo que se utiliza de uma estrutura de dominação para manter seu domínio e sua influência. Em outros termos, o problema a ser perseguido é o sequestro da pauta por parte da elite, que tem definido o que devem ser as identidades, como elas devem se comportar e até como deve ser seu plano político.

A metáfora do rei nu aparece em *Captura* como uma analogia bastante útil e atual para expor o poder das elites de criar e delimitar um terreno comum que torna suas estratégias de dominação algo natural. Quando todos veem a nudez do monarca mas ninguém a denuncia, algo na sociedade vai mal. Se recuperamos a construção da identidade nacional pela elite brasileira, vemos a conformação de um terreno comum, no qual o que vai ser visto e o que pode ser dito sobre as populações negras e indígenas é controlado e definido por aqueles que exercem domínio discursivo, político e econômico sobre essas populações. Contudo, a solução de Táíwò, na contramão do que tem se sedimentado no debate público brasileiro, não está em promover políticas de deferência, as quais, apesar das boas intenções de corrigir injustiças com a transformação de relações interpessoais, está distante de solucionar os problemas de uma sociedade assentada em estruturas de dominação. *Captura* nos indica que a solução passa pela construção de políticas de coalizão. O exemplo das ações tomadas em resposta à contaminação das águas do rio Flint, nos Estados Unidos, traz os elementos fundamentais dessa coalizão. Problemas complexos não podem ser resolvidos do dia para a noite, e nem por uma única pessoa ou um pequeno grupo. São necessários esforços coordenados, que consigam dar conta de todos os aspectos da questão. É preciso que se reconheça o problema, que se entenda o que está errado, que se eduque a comunidade para compreender o que se passa e que se faça pressão para que a solução seja efetiva.

Retornar ao conto "Pai contra mãe" nos ajuda a ver como, há muito tempo, um pacto de silêncio e desumanização se estabeleceu na sociedade brasileira. Quando Arminda grita por socorro, podemos assumir que as pessoas são inicialmente afetadas por aquele grito — mas "quem passava ou estava à porta de uma loja, compreendia o que era e naturalmente não acudia". Essa inação diante de um comportamento violento faz parte da engrenagem de uma estrutura social predicada na desvalorização de vidas pobres e não brancas, uma desvalorização que é construída e reafirmada pelos diversos pactos que informam a sociedade brasileira. A naturalização da desvalorização, que levou os transeuntes a "naturalmente" não acudirem Arminda, é, decerto, artificial. *Captura* sugere que a desconstrução dessa naturalização é um processo coletivo, que pode ser inspirado por exemplos tanto de outros contextos, como Lilica Boal e Amílcar Cabral, figuras centrais nas independências de Cabo Verde e Guiné-Bissau, quanto da própria história brasileira, como Paulo Freire. As histórias que tais figuras construíram nos ajudam a entender que existem muitas formas de se perceber que o rei está nu. E, principalmente, nos mostram que quebrar o pacto de silêncio e expor a nudez do rei é passo fundamental no caminho para uma autonomia que seja legítima, e não apenas uma fachada de autonomia capturada pelos poderosos.

MARIA FERNANDA NOVO
TEÓFILO REIS
Campinas e San Antonio, junho de 2025

MARIA FERNANDA NOVO é pesquisadora e professora no Departamento de Filosofia da Unicamp, pelo qual se doutorou. Pós-doutora em filosofia pela USP e pesquisadora visitante na CUNY Graduate Center, seus campos de pesquisa envolvem filosofia e raça; estudos culturais; estudos de gênero; tecnologia e sociedade; e pensamento negro brasileiro.
TEÓFILO REIS é professor no Departamento de Filosofia da Trinity University (Estados Unidos). Doutor em filosofia pela Universidade da Cidade de Nova York — CUNY Graduate Center e doutor em sociologia pela Unicamp. Seus interesses de pesquisa incluem filosofia da raça, pensamento social negro brasileiro, epistemologia social e filosofia latino-americana.

Introdução

> Não há racismo, não há tribalismo, nós não lutamos apenas para termos bandeira, hino e ministros. [...]
>
> Não nos vamos sentar no palácio do Governador, não é esse o nosso objetivo [...]. Nós lutamos para libertar o nosso povo, não só do colonialismo, mas de toda a espécie de exploração.
>
> Não queremos que ninguém mais explore o nosso povo, nem brancos nem pretos.
>
> AMÍLCAR CABRAL, *Unidade e luta*[1]

O INÍCIO DOS LOCKDOWNS pandêmicos no primeiro semestre de 2020 anunciou uma pausa em grande parte das atividades rotineiras: transporte público, viagens interestaduais, vida noturna, programação comunitária, bibliotecas e barbearias. Até os playgrounds ficaram silenciosos. Mas não interrompeu os assassinatos cometidos por policiais em todo o mundo.

Em alguns casos, os lockdowns foram a motivação dessas mortes: em 31 de março de 2020, quatro dias após o início do toque de recolher no Quênia, para impor a medida policiais quenianos invadiram um bairro, espancaram pessoas indiscriminadamente e até abriram fogo com munição letal.[2] Um dos disparos atingiu e matou Yasin Hussein Moyo, de treze anos, que estava observando as agressões da sacada de seu apartamento. Em 19 de maio, Anderson Arboleda, de 21 anos, foi perseguido por dois policiais em Puerto Tejada, na Colômbia, por desrespeitar o toque de recolher da pandemia. Foi de tal maneira espancado e atacado com spray de pimenta que morreu na manhã seguinte.[3]

Em outros casos, a pandemia simplesmente não bastou para suspender os padrões de violência policial: em 18 de maio de 2020, policiais entraram em uma casa no Complexo do Salgueiro, no Rio de Janeiro, onde seis primos brincavam juntos.[4] Eles abriram fogo, acertando pelas costas João Pedro Mattos Pinto, de catorze anos. Um parente o levou até um helicóptero da polícia, numa tentativa desesperada de conseguir assistência médica, mas a família ficou dezessete horas sem saber nem o paradeiro nem a condição de saúde do garoto, até encontrarem seu corpo no Instituto Médico Legal. Pelas próprias estimativas da polícia do Rio de Janeiro, seus oficiais mataram em média seis pessoas por dia no início de 2020; a se manter o padrão da década anterior, mais de três quartos dos mortos eram homens negros.[5] Para uma ideia de escala: em 2019 um único estado brasileiro, o Rio de Janeiro, teve duas vezes mais assassinatos cometidos por policiais do que todos os Estados Unidos no mesmo ano.[6]

Nos Estados Unidos, uma série de mortes causadas pela polícia, cujas vítimas incluíram Breonna Taylor (13 de março de 2020), George Floyd (25 de maio) e Tony McDade (27 de maio), desencadeou uma onda de protestos sem precedentes no país: segundo algumas estimativas, cerca de 26 milhões de pessoas participaram direta ou indiretamente das manifestações, número que representa quase 8% da população norte-americana.[7] Os protestos não foram só grandes, mas combativos. Em todo o país, shoppings de luxo e lojas de varejo foram saqueados e pilhados. Em Minneapolis, a polícia fugiu da Terceira Delegacia para se salvar quando os rebeldes destruíram as vidraças com projéteis e incendiaram o prédio.

Os protestos tiveram alcance global. Em junho de 2020, manifestantes foram às ruas em cidades de todo o mundo, incluindo Rio de Janeiro, Seul, Londres, Sydney e Monróvia.[8] Essa solidariedade global, sem dúvida, se deve ao rápido trabalho de organização internacional dos coletivos Black Lives Matter [Vidas Negras Importam], do amplo Movement for Black Lives e de várias outras organizações ao redor do mundo trabalhando em parceria e solidariedade com eles. Mas isso também está enraizado na natureza global da dinâmica de interseção entre racismo e atuação da polícia. Esses problemas estão entre os muitos legados de nosso passado imediato que moldam nossas vidas hoje.

Na Nigéria, a tensão aumentou alguns meses depois, em outubro de 2020, quando manifestantes foram às ruas para pedir a abolição do Esquadrão Especial Antirroubo (Special Anti-Robbery Squad, Sars), uma força especial da polícia nigeriana responsável por ondas de tortura extrajudicial, violência sexual e assassinatos no país. Os manifestantes do #EndSARS enfrentaram forte resistência — e munição letal — do governo nigeriano, inclusive durante o infame massacre no pedágio de Lekki. A Anistia Internacional estimou um total de doze pessoas mortas nesses protestos.[9] É importante entender que os manifestantes do #EndSARS não apenas simpatizaram ou foram influenciados pelos outros protestos no início daquele ano: era a mesma luta em seu próprio front.

O Sars da Nigéria, as forças policiais dos Estados Unidos e muitos outros órgãos repressivos usam estruturas ideológicas e estratégias de violência similares porque são instituições similares, criadas para atingir objetivos similares. A maioria dessas forças tem raízes no período colonial dos séculos XIX e XX, quando as instituições de nível nacional funcionavam como franquias sob o logotipo do império racial global, com cada exército territorial, governo colonial e mercado financeiro nacional unidos num poderoso cartel. Enquanto as forças de segurança se dedicavam a diferentes interesses nacionais sob o império racial global, o cartel como um todo servia aos interesses das mesmas elites, garantindo que a riqueza e as vantagens fluíssem do sul para o norte, dos negros para os brancos. Esse sistema nunca foi desmontado. Portanto, embora "império" não seja mais um termo comum na política global, basicamente nós ainda o vivemos: estruturas claramente imperialistas sobrevivem, por exemplo, na gestão francesa das moedas de suas ex-colônias africanas e em corporações e instituições internacionais que parecem neutras mas intimidam os povos e países mais pobres do planeta de forma "neocolonial".[10]

Assim, apesar das diferenças no contexto local, quando pessoas ao redor do mundo se levantaram contra o terror policial e a violência a que vêm sendo submetidas há centenas de anos, ficou absolutamente claro que algo de alcance global estava em jogo. A resposta das elites governantes foi igualmente imediata: o Banco Mundial estabeleceu uma "Força-Tarefa contra o Racismo" e as Nações Unidas, sob pressão do bloco de 54 países da União Africana, concordaram em abrir uma investigação de um ano sobre o racismo antinegro.[11]

Duas tendências estratégicas dessa resposta logo se tornaram evidentes: a tática das elites de recorrer a políticas de identidade* simbólicas para pacificar os manifestantes, mas sem realizar reformas materiais; e os esforços para reformular (em vez de substituir) as instituições preexistentes, também usando elementos da política de identidade.

Em uma síntese impressionante da primeira tendência, a prefeita de Washington, DC, mandou pintar "Black Lives Matter" em ruas próximas à Casa Branca, nas quais os manifestantes continuaram sendo brutalmente agredidos. No ano seguinte, a CIA, a Agência Central de Inteligência, lançou mão da segunda estratégia, produzindo vários vídeos de recrutamento de "Humanos da CIA", direcionados a vários grupos de identidade, incluindo pessoas queer e indígenas. O jornalista Roberto Lovato alertou os leitores sobre a ressonância desse momento em um artigo apropriadamente intitulado "Já estamos na era do império intersecional": "No vasto mundo que vive fora dos círculos progressistas, há milhões de pessoas que se emocionam ao ver anúncios de recrutamento do Exército e da Marinha mostrando orgulhosos soldados negros e latinos".[12]

Forças-tarefa políticas, murais de incentivo e comerciais inspiradores são boas recompensas. Mas temos também, é

---

* No Brasil, o termo "*identity politics*", que traduzimos como "políticas de identidade", é geralmente traduzido e amplamente divulgado, tanto pela direita quanto pela esquerda, como "política identitária", expressão que tem forte carga pejorativa. Optamos por "política de identidade" para manter a ideia original do autor, que entende que elas devem ser consideradas parte dos movimentos sociais e, portanto, afastadas dos usos descomprometidos com as pautas desses movimentos. (N. T.)

claro, a punição. Em junho de 2021, 25 legislaturas estaduais haviam criado medidas para proibir o ensino da "teoria racial crítica" nos Estados Unidos, como parte de uma guerra cultural apoiada por *think tanks* como a Fundação Heritage e o Instituto Manhattan, ao lado de pessoas muito influentes, como Mark Meadows (ex-chefe de gabinete da Casa Branca no primeiro governo Trump).[13] No Reino Unido foi formada uma Comissão sobre Disparidades Raciais e Étnicas, que publicou um relatório isentando o governo do racismo institucional apontado pelos manifestantes do Black Lives Matter.[14] Quando a cooptação falha, a velha e conhecida repressão funciona.

Então, o que devemos fazer com a política de identidade? Enquanto algumas expressões dela são distorcidas para renomear antigos projetos, outras são ativamente banidas pelos poderosos. Seria ela uma versão inócua da política de esquerda, separada das suas vertentes mais ortodoxas principalmente por "falhas de comunicação", como sugere a filósofa Ashley Bohrer?[15] Ou, ainda mais preocupante, seria a política de identidade "uma ferramenta essencial da burguesia para preservar sua dominação sobre a classe trabalhadora, mantendo os trabalhadores divididos por linhas raciais e de gênero", como alega Dominic Gustavo no *World Socialist Web Site*?[16] Ou ela seria, conforme incorporada na teoria racial crítica, uma ideologia perigosa e uma ameaça à ordem estabelecida que os poderes constituídos pretendem erradicar?

O coletivo Combahee River (e por que a política de identidade não é o que você pensa que é)

O termo "política de identidade" foi popularizado pela primeira vez pelo manifesto de 1977 do Coletivo Combahee River, uma organização de feministas socialistas negras e lésbicas, e deveria tratar de promover a solidariedade e a colaboração.

A pesquisadora em estudos americanos Duchess Harris relata a história da origem do coletivo da seguinte maneira: em 1961, o presidente John F. Kennedy convocou uma Comissão sobre a Situação da Mulher, que foi dividida em quatro órgãos consultivos, entre eles a Consulta sobre Mulheres Negras. O evento se desdobrou e a III Conferência Nacional de Comissões sobre a Situação da Mulher deu origem à reunião na qual surgiu a Organização Nacional para Mulheres [NOW, na sigla em inglês], que os fundadores esperavam servir como uma "versão para mulheres da Associação Nacional para o Progresso das Pessoas de Cor. No entanto, a NOW não cumpriu a promessa de tratar a questão racial com seriedade — e as organizações nacionalistas negras falharam igualmente em lidar com as questões de gênero.[17] Por isso, em 1973, ativistas criaram a Organização Nacional Feminista Negra [NBFO, na sigla em inglês].[18]

Em 1974, pouco depois de começar a organizar uma seção da NBFO em Boston, a jovem ativista Barbara Smith conheceu Demita Frazier. A dupla concordou com muitas metas da NBFO, mas também queria uma organização que discutisse a "economia radical" com mais liberdade e garantisse voz às lésbicas. E assim, a partir de uma reunião de quatro pessoas, nasceu o Coletivo Combahee River. De 1977 a 1980, elas realizaram sete retiros com outras ativistas, contando com a presença de companheiras mais experientes de Boston que tinham ideias semelhantes, inclusive a reconhecida escritora Audre Lorde.

As experiências que uniram essas ativistas — a marginalização e a desvalorização constantes de suas prioridades políticas em diferentes organizações — foram fundamentais para a postura que elas adotaram, a qual batizaram de "política de identidade".

"Nós, como mulheres negras, realmente tínhamos o direito de criar prioridades, agendas, ações e soluções políticas com base em nossas experiências", explicou Smith mais tarde — uma agenda política baseada em suas experiências e interesses completos, em vez de considerá-las *tokens* de mulheres brancas ou secretárias de homens negros, e que incorporasse toda a complexidade de seus valores em vez de representá-las como caricaturas degradadas e disformes. Como diz Keeanga-Yamahtta Taylor, docente da Universidade de Princeton: "Não se poderia esperar que as mulheres negras fossem totalmente ativas em movimentos políticos que não representavam nem promoviam seus interesses"; portanto, as políticas de identidade que elas desenvolveram serviram como "*porta de entrada* para o engajamento de mulheres negras na política", e não para sua retirada total de organizações e movimentos problemáticos.[19]

Dessa forma, elas eram a favor da organização de coalizões diversificadas, uma abordagem que Smith mais tarde viu exemplificada no trabalho de base da campanha presidencial de Bernie Sanders, com foco nos problemas sociais enfrentados por pessoas de várias identidades, especialmente "necessidades básicas de alimentação, moradia e saúde".[20] Beverly Smith, outra das fundadoras do Combahee River, relembra o efeito político imediato da declaração do coletivo entre os grupos de esquerda de Boston:

> Também atraímos muitas mulheres não brancas ou que não eram negras para nós. Estabelecemos conexões com latinas. Estabelecemos conexões com mulheres asiáticas. [...] E elas também chamavam a nossa atenção. Porque não era unidirecional. Quando descobríamos o que estava acontecendo, também nos fazíamos presentes.[21]

A postura do coletivo fundada em princípios ligados à política de identidade funcionava como um princípio de unidade, e não de divisão.

Mas, nas décadas posteriores à fundação do Coletivo Combahee River, em vez de forjar alianças por meio das diferenças, algumas ativistas optaram por dar a última palavra — especialmente nas redes sociais — em torno de concepções cada vez mais restritas dos interesses do grupo. Smith diz, diplomaticamente, que muitos dos atuais usos comuns do conceito de política de identidade são "muito diferentes do que pretendíamos".[22] Asad Haider expõe essa ideia de forma mais clara em seu livro *Armadilha da identidade*, no qual ele reconhece a história radical do conceito, mas descreve a política de identidade como "a ideologia que surgiu para se apropriar desse legado emancipatório a serviço do avanço das elites políticas e econômicas".[23] Embora eu concorde com esses pontos, também concordo com a teórica política Marie Moran e a filósofa Linda Martín Alcoff, que argumentaram de forma convincente que as explicações ideológicas que vinculam acontecimentos políticos problemáticos a ideias supostamente inerentes às políticas de identidade tendem a ser equivocadas: muitas críticas têm como alvo ideias que não são essenciais para os movimentos ligados à identidade ou que distorcem completamente seus objetivos básicos.[24]

A ideia de "captura pela elite" ajuda a reconciliar esses dois pontos. É verdade que os recentes desdobramentos no significado e no uso da política de identidade não impediram assassinatos policiais nem esvaziaram as prisões. No entanto, a política de identidade muniu pessoas, organizações e instituições com um novo vocabulário para descrever sua política e sua estética — mesmo que a substância de suas decisões políticas seja irrelevante ou até contrária aos interesses das pessoas marginalizadas cujas identidades estão sendo mobilizadas. Mas essa é uma característica da forma como a política de identidade está sendo usada, e não do que a política de identidade é em seu cerne. É essa "captura pela elite" — e não a política de identidade em si — que se interpõe entre nós e uma política transformadora, não sectária e de coalizão.

Captura pela elite: o problema maior

O conceito de captura pela elite se originou do estudo de países em desenvolvimento e foi criado para descrever a forma como pessoas socialmente favorecidas tendem a obter o controle dos benefícios financeiros, especialmente da ajuda externa destinada a terceiros. Mas o conceito também foi usado de forma mais geral para descrever como projetos políticos podem ser sequestrados, na teoria e na prática, por pessoas bem posicionadas e com recursos. No entanto, a ideia também ajuda a explicar de que maneira os recursos públicos, como conhecimento, atenção e valores, são distorcidos e distribuídos pelas estruturas de poder.

A captura pela elite explica muitas das objeções comuns levantadas contra a política de identidade, incluindo a ideia de que ela exige apoio acrítico a figuras políticas com base apenas em suas identidades, sem levar em conta suas posições políticas, e de que geralmente reflete preocupações sociais que são "na verdade para pessoas brancas ricas". Um comentarista, Saagar Enjeti, criticou "a ala de elite do Partido Democrata obcecada por políticas de identidade", alegando que "as pessoas que povoam nossas redações" e "povoam a classe de gestores [...] têm um impacto muito grande em nosso discurso político contemporâneo".[25] Apesar de ter identificado o problema com os usos mais comuns da política de identidade atualmente — o enorme impacto de pessoas bem posicionadas em nosso discurso político —, Enjeti parece pensar que esse é um problema específico de uma ala de um partido político. Na verdade, a dinâmica subjacente é tão antiga quanto a própria política e não está confinada a uma política específica de identidade social.

A captura pela elite não é uma conspiração. Ela é maior do que apropriações cínicas, oportunismo ou sucessos e fracassos morais de qualquer indivíduo ou grupo. É um tipo de comportamento sistêmico, um fenômeno articulado no nível da população, um padrão observável (e previsível) de ações que envolvem indivíduos, grupos e subgrupos, cada um dos quais pode estar perseguindo objetivos diferentes conforme seus pontos de vista restritos. A captura pela elite não se limita ao escopo de suas intenções. A constante dinâmica das interações individuais e de grupos compõe um sistema social, e a captura pela elite emerge dessa dinâmica.

Sistemas e problemas sistêmicos são grandes e complexos, mas não são abstratos. Os sistemas sociais são reais: afinal, vivemos neles. Como tal, são entidades que podemos observar e, frequentemente, prever. Nossas ciências sociais são, para o bem e para o mal, tentativas de fazer exatamente isso. É claro que os sistemas sociais são extremamente complexos, talvez mais do que os sistemas físicos, pois englobam estes últimos e muito mais. E, como nosso pensamento coletivo sobre o sistema é ele mesmo uma parte importante do sistema que estamos analisando, o próprio objeto de estudo muda à medida que o entendemos de modo diferente, exatamente *porque* o entendemos de modo diferente.

Então, se a captura pela elite é maior que os planos mais nefastos dos piores vilões, ela também é maior que as melhores intenções dos que se opõem a eles?

Na realidade, talvez não consigamos eliminar totalmente do mundo a captura da elite. A própria conquista da igualdade radical na distribuição de recursos e poder é um resultado idealizado dos movimentos sociais que apoiamos, e não algo que poderia anteceder seu sucesso e gerá-lo. Assim como a ferrugem surge em diferentes épocas e lugares onde o metal e a água se encontram, a captura pela elite surge em diferentes épocas e lugares onde os sistemas sociais encontram certas condições (como explico no capítulo 3). Mas este livro é motivado pela crença de que, quando reconhecemos que a captura pela elite está acontecendo, temos mais opções para combatê-la. Essa afirmação está associada a outra questão central: as tendências recentes da política de identidade parecem estar potencializando, em vez de conter, a captura pela elite. Como eu discuto no capítulo 4, isso vale até mesmo para a política de deferência, uma conduta que demanda que as pessoas cedam atenção, recursos e liderança àqueles considerados mais marginalizados do que elas.

Devemos responder aos problemas da captura pela elite e do capitalismo racial que a possibilita não com políticas de deferência, mas com políticas *construtivas*. Uma abordagem construtiva se concentraria no resultado em vez do processo, na busca de metas ou resultados específicos, e não meramente em evitar a "cumplicidade" na injustiça ou na promoção de princípios puramente morais ou estéticos. Uma abordagem construtiva se encaixa perfeitamente no que o teórico político Michael Dawson chama de "utopia pragmática, [...] que começa onde estamos, mas imagina onde queremos estar", combinando um conjunto de ideias que não se limitam ao que hoje é considerado senso comum com um "realismo político obstinado" capaz de encontrar as estratégias e táticas necessárias para mudar o senso comum e o mundo subjacente a ele.[26]

No que diz respeito ao conhecimento e às informações, uma política construtiva se preocuparia principalmente com a criação de instituições e práticas de levantamento de informações relevantes para a realização de campanhas, e não com grupos específicos ou com os porta-vozes que os representem. Ela se concentraria na responsabilidade, e não na conformidade. Ela se ajustaria diretamente à tarefa de redistribuir os recursos sociais e o poder, não a metas intermediárias, que são trocadas por pedestais ou simbolismo. Ela se concentraria em construir e reconstruir salas, não em regular o tráfego dentro delas e entre elas. Seria o que a cientista política Adom Getachew chama de projeto de "criação de mundo", com o objetivo de construir e reconstruir estruturas reais de conexão social e movimento, em vez de meramente criticar as que já temos.[27]

Este livro é para pessoas que querem ver resultados diferentes — aquelas que querem um sistema mundial diferente e melhor que o que temos agora. Mas este livro não é um guia prático. O objetivo é, antes, ajudar as pessoas que estão fazendo o trabalho árduo de mudar o mundo a enxergar certas tendências e armadilhas que cercam essa atuação — e, assim, ajudá-las a responder às particularidades de seus contextos de forma mais estratégica. Para isso, quero dar a melhor explicação possível de minha perspectiva sobre o problema fundamental da captura pela elite e a melhor explicação da política construtiva como resposta a ele. Podemos descobrir coletivamente para onde ir a partir daí.

O que se segue visa responder a algumas perguntas-chave sobre por que a captura pela elite é importante e o que devemos fazer em relação a ela. O capítulo 1 elabora uma resposta mais aprofundada à pergunta "O que é a captura pela elite?".

O capítulo 2 dá continuidade a essa descrição, usando-a para avançar na identificação de onde a captura pela elite aparece em nossas condições sociais e por quê. Com todo esse pano de fundo, no capítulo 3 estaremos em condições de entender por que a política de deferência — um tipo de cultura que se constrói em torno da política de identidade — alimenta a captura da política de identidade pela elite. Encerro o livro com algumas reflexões sobre uma abordagem alternativa, que chamo de política construtiva.

1. O que é a captura pela elite?

EM 1957, E. FRANKLIN FRAZIER publicou um controverso estudo sociológico: *Black Bourgeoisie* [Burguesia negra]. Esse trabalho foi, entre outras coisas, uma análise pioneira da captura pela elite que ajudará a esclarecer o fenômeno.

Filho de James e Mary Clark Frazier, Edward Franklin Frazier nasceu em Baltimore, no estado de Maryland, em 1894. O pai conseguiu aprender sozinho a ler e escrever sem nunca ter frequentado a escola, mas esses marcadores de respeitabilidade conquistados com dificuldade não o isentaram nem um pouco das degradações do trabalho de um homem negro numa sociedade racista. No entanto, James fez questão de convencer seus filhos da importância da educação. Durante seu percurso em escolas públicas de Baltimore, Edward parece ter levado isso a sério, e se formou entre os melhores alunos da turma do ensino médio. A recompensa por seu trabalho árduo foi uma bolsa de estudos para a Universidade Howard.[1]

Depois de se graduar com honras em Howard, Frazier passou a lecionar, enquanto continuava seus estudos. Ele deu aulas no Instituto de Tuskegee, no Alabama, e acabou se tornando diretor da assistência social na Faculdade de Serviço Social de Atlanta. Ali, a sociologia americana e a sociologia negra estavam sendo inventadas por uma rede de estudiosos negros que incluía W. E. B. Du Bois. Embora a produção acadêmica dessa rede provavelmente tenha influenciado seu pensamento posterior, o tempo de Frazier lá foi curto, pois ele foi demitido em 1927 — após o que ele e a esposa, Marie, se mudaram para Chicago, onde Frazier concluiu o doutorado em sociologia enquanto lecionava na Universidade Fisk. Em 1943, foi contratado pela Universidade Howard, em Washington, DC, onde permaneceu até o fim da vida.[2]

Frazier teve um sucesso incomum, especialmente para um acadêmico negro em sua época. Isso com certeza não aconteceu por ele ter agido com prudência. Suas opiniões sobre a família negra deram início a debates históricos com o colega e sociólogo Melville Herskovits, e essas discussões continuaram moldando os estudos e a política décadas depois.[3] O processo de sua demissão de Atlanta em 1927 principiou quando um de seus artigos, "The Pathology of Race Prejudice" [A patologia do preconceito racial], quebrou um tabu: analisou os sulistas brancos com o mesmo olhar antropológico tantas vezes direcionado a "outros" povos. Provavelmente não ajudou a amenizar as coisas o fato de Frazier ter argumentado que o racismo branco do Sul contra os negros era uma espécie de insanidade. O artigo foi publicado pelo jornal local *Atlantic Constitution*, e logo os Frazier começaram a receber ameaças de morte.[4] A boa e velha "cultura do cancelamento" em ação.

Mas a polêmica pela qual Frazier é mais conhecido só começaria trinta anos depois, com a publicação de *Black Bourgeoisie*, seu estudo sociológico de 1957 sobre a classe média negra dos Estados Unidos. No livro, ele acusa a classe média negra de ser um grupo inseguro e impotente que está constantemente construindo um mundo de "faz de conta" para lidar com um "complexo de inferioridade" causado pela história brutal de dominação racial no país. A controvérsia foi imediata. No prefácio à edição de 1962, Frazier relembra que depois do lançamento do livro ele foi ao mesmo tempo aplaudido pela coragem e ameaçado de violência.

Na mesma época em que Frazier analisava a burguesia negra dos Estados Unidos, Frantz Fanon publicava obras seminais de filosofia política nas quais discutia as classes médias africanas de meados do século XX. As abordagens dos dois tinham semelhanças impressionantes. Fanon estava escrevendo durante a onda de movimentos de independência nacional na Ásia e na África que se seguiu ao fim da Segunda Guerra Mundial — uma época de possibilidades e questões políticas. A classe média africana da qual ele falava estava prestes a se tornar a elite nacional dominante nas sociedades pós-coloniais. Ele descreveu essa classe como uma "burguesia subdesenvolvida" que não estava "orientada para a produção, a invenção, a construção, o trabalho" e, portanto, estaria condenada a ações do "tipo intermediário": isto é, a "estar no circuito, nas negociatas".[5]

Os fracassos dessa nova classe dominante pós-colonial explicam, em parte, por que Fanon suspeitava que ela viria a capturar, diluir e, por fim, subverter a energia da luta anti-imperialista.[6] "A consciência nacional", ele previu, "em vez de ser a cristalização coordenada das aspirações mais íntimas do conjunto do povo, em vez de ser o produto imediato mais palpável da mobilização popular, será sempre apenas uma forma sem conteúdo, frágil, grosseira".[7]

Essa previsão parece ter se tornado realidade. Os movimentos de independência nacional suplantaram o domínio colonial formal e logo se depararam com o neocolonialismo: uma condição na qual a nova elite dominante dessas jovens nações era fortemente moldada ou agia em conluio com os governos e corporações das antigas potências coloniais — e com o sistema internacional dominado por eles.[8] Georges Nzongola-Ntalaja, intelectual de estudos africanos, escrevendo no início dos anos 1980, logo após essa onda de movimentos de independência, assim resumiu:

> As massas esperavam que suas condições de vida melhorassem depois da independência, e isso foi, de fato, o que esses líderes lhes prometeram. Mas a promessa não foi honrada [...], por vários motivos, entre eles o fato de a luta anticolonial ter mascarado os conflitos de interesses entre a pequena burguesia e as pessoas comuns. Esses conflitos se tornaram manifestos após a independência quando, em vez de cumprir suas promessas, os novos governantes responderam às demandas do povo com mais promessas ou com repressão.[9]

Por que a "lumpemburguesia" negra (como Frazier a descreveu) dos Estados Unidos e das classes dominantes africanas recém-ascendentes era tão ineficaz em melhorar os sistemas para os negros como um grupo? Tanto Frazier quanto Fanon se concentraram nesses fracassos intelectuais e políticos.

Fanon mencionou que as classes médias africanas acreditavam que elas poderiam "substituir com vantagens a burguesia metropolitana", o que ele via como "narcisismo voluntarista" e "indolência intelectual".[10] Frazier foi igualmente rigoroso em suas críticas, e algumas das mais contundentes foram dirigidas à imprensa negra, "o principal meio de comunicação que cria e perpetua o mundo de faz de conta da burguesia negra". Embora reconhecesse as contribuições de publicações negras, como as do *Chicago Defender*, e dos primeiros órgãos abolicionistas, como o *Frederick Douglass' Paper*, Frazier insistiu que a "demanda da imprensa negra por igualdade para os negros na sociedade americana se preocupa principalmente com oportunidades que beneficiarão economicamente a burguesia negra e aumentarão o status social do negro". A elite no controle da proeminente mídia negra, ele argumentou, promoveria os interesses desses subgrupos, aparentemente sem levar em conta o bem-estar do grupo como um todo. Como exemplo, Frazier citou a celebração pelos jornais negros da eleição de um médico negro para a presidência de uma afiliada local da Associação Médica Americana (AMA), embora o médico tivesse se oposto a um programa nacional de saúde e a própria AMA se opusesse à "saúde pública" no país.[11] A boa e velha política da respeitabilidade em ação.

Uma discussão central de *Black Bourgeoisie* diz respeito a uma estratégia política antiga para a ascensão racial: o projeto de construir uma economia negra distinta nos Estados Unidos. A Liga Nacional Negra de Negócios, de Booker T. Washington, que se reuniu pela primeira vez em 1900 em Boston, Massachusetts, é um exemplo clássico dessa estratégia, que estreou com grande entusiasmo e alarde entre os líderes empresariais negros. Frazier, no entanto, argumentou que a abordagem de Washington foi equivocada, tendo por base uma análise incorreta da situação econômica dos afro-americanos da época. O patrimônio líquido combinado de todos os 115 participantes da primeira Liga Nacional Negra de Negócios não chegava a 1 milhão de dólares. Quando Frazier escreveu seu livro, mais de seis décadas depois, todos os onze bancos de propriedade de negros no país não somavam juntos a quantidade de capital mantida em um banco local médio em cidades brancas menores. Assim, Frazier concluiu que uma economia afro-americana sempre foi uma quimera.[12]

Construir uma economia negra nacional não seria só matematicamente quase impossível, afirmou Frazier; a tentativa também seria politicamente ingênua. Essa economia teria que ser arrancada da realidade política presente, o que a tornaria vulnerável à influência externa — apesar de ser, ela mesma, uma resposta a essa vulnerabilidade. Ainda que as pessoas sejam de fato persuadidas a "comprar dos negros", argumentou Frazier, se estão fazendo isso com dólares ganhos no chão de fábrica da Ford, então é porque ainda não criamos uma economia negra.

Por que o mito de uma economia negra como uma resposta ampla ao racismo antinegro sobrevive, mesmo que proeminentes empresários negros estejam há muito tempo em posição de saber que essa não é uma verdadeira possibilidade? Frazier afirma que esse mito deve sua continuidade aos interesses de classe, especialmente os da pequena mas influente burguesia negra por trás da ideia. Parte dessa burguesia eram proprietários de empresas que esperavam desfrutar do monopólio do mercado econômico afro-americano. Outros eram profissionais assalariados — de longe a maior porcentagem da classe média negra em meados do século XX — que esperavam abrir caminho em empresas de marketing de propriedade de brancos usando seu suposto conhecimento do potencial de compra pelos negros, ainda inexplorado na economia da Guerra Fria.

Seja por parte da imprensa negra ou dos empreendedores negros, Frazier afirma que "a burguesia negra não demonstrou interesse pela 'libertação' dos negros" — quer dizer, a menos que "isso afetasse seu próprio status ou a aceitação pela comunidade branca".[13] Na primeira oportunidade, "a burguesia negra explorou impiedosamente as massas negras tanto quanto os brancos".[14] Frazier certamente exagera aqui. No entanto, seu livro, assim como o trabalho de Fanon, oferece uma descrição nítida, que continua valiosa, da captura pela elite.

O tempo que hoje nos separa de *Black Bourgeoisie* e de *Pele negra, máscaras brancas* é quase o mesmo que separava Frazier e Fanon da Liga Nacional Negra de Negócios de Booker T. Washington. Mas pouca coisa mudou. Em uma análise abrangente do estado atual dessa trajetória política, o pesquisador em estudos da comunicação Jared A. Ball revela um conjunto de arranjos políticos muito parecidos com o que Frazier retratou há mais de meio século. Houve algumas reviravoltas: como explica Ball, a última versão do mítico caminho da economia negra em direção à liberdade se concentra estritamente no poder econômico dos afro-americanos como consumidores, e não como banqueiros ou produtores. De acordo com esse mito, os negros americanos têm mais de 1 trilhão de dólares em poder de consumo, valor que poderiam usar para conquistar poder e liberdade, mas em vez disso desperdiçam em artigos da moda e outras frivolidades. O conceito de "poder de compra", ele argumenta, foi criado pelo governo dos Estados Unidos e pelas elites empresariais e é mantido por sua parceria implícita com empresários negros e elites da comunicação — quase o mesmo elenco que Frazier chamou de "lumpemburguesia" negra.[15] Ball acrescenta que a variante de "poder de compra" desse mito também serve para transferir o foco e a culpa para o suposto "analfabetismo financeiro" dos negros pobres, em vez de fazer oposição às condições sociais e econômicas que exploram, oprimem e marginalizam as pessoas.[16]

A análise de Ball reitera a de Frazier: como em toda história, o que está por trás do "movimento por uma economia negra" é um mito e uma realidade material. A possibilidade de uma economia negra isolada é o mito, enquanto os interesses imediatos de alguns negros bem posicionados são o estímulo da realidade. E em ambas as versões da história é o problema — as instituições e os padrões do statu quo — que é oferecido como solução.

Quem comanda o mundo? Elites

Confrontados com esse problema que se disfarça de solução, Frazier e Ball acertam algo crucial que os críticos da "política identitária" — bem como da "cultura *woke*", da "cultura do cancelamento" e de muitos outros termos polêmicos — frequentemente erram. Críticos e detratores dessas propostas políticas afirmam que elas refletem as preocupações sociais dos "brancos ricos" ou da "classe dirigente". E eles não estão completamente errados. Porém, isso é apenas um ponto que a política de identidade, a "cultura *woke*" e coisas do gênero têm em comum com *tudo o mais* em nossas vidas: a crescente dominação pelos interesses da elite e o controle de aspectos do nosso sistema social. Isso porque quase tudo em nosso mundo social tende a ser capturado pela elite. Em outras palavras, o problema não é só que a "cultura *woke*" é muito branca — é que *tudo* é.

É verdade que branquitude e elitismo são duas coisas muito diferentes. Para nossos propósitos, porém, essa é uma proposição justa, porque eles andaram de mãos dadas em muitas partes do mundo nos últimos cem anos, com consequências que moldaram tudo ao nosso redor.

A principal preocupação deste livro é o elitismo em si — e não há uma regra rígida para definir que tipo de pessoa é parte da elite. Às vezes, você é parte da elite pela forma como as pessoas decidiram (ou foram forçadas a) se relacionar com algum aspecto de sua identidade social. Outras vezes, você é parte da elite por causa de alguma vantagem mais contingente: seu nível de escolaridade, riqueza ou prestígio social. Em outros casos, você é parte da elite só porque é o único do seu grupo que está em uma sala específica. De acordo com a cientista política Jo Freeman, "uma elite é um pequeno grupo de pessoas que têm poder sobre um grupo maior do qual fazem parte, geralmente sem responsabilidade direta com esse grupo maior e muitas vezes sem seu conhecimento ou consentimento".[17] Note que Freeman não trata o status de "elite" como uma identidade estável — é um relacionamento, em um contexto específico, entre um grupo menor e outro maior.

A captura pela elite acontece quando os poucos favorecidos direcionam para seus próprios interesses e objetivos restritos os recursos e instituições que poderiam servir a muitos. O termo é usado na economia, na ciência política e em disciplinas relacionadas para descrever a forma como pessoas socialmente favorecidas tendem a obter o controle dos benefícios destinados a todos.[18] Nesse contexto, ele tem sido utilizado de maneira muito similar ao rótulo "corrupção", mais bem conhecido, e identificado por sintomas semelhantes de influência indevida, como subornos.[19] Mas o conceito também foi aplicado para descrever como projetos políticos em geral podem ser sequestrados — na teoria e na prática — por pessoas bem posicionadas e com melhores recursos.

Como explica a economista Diya Dutta, a captura pela elite, em essência, se refere à "presença de acesso desigual ao poder: alguns têm maior acesso ao poder (em virtude de linhagem, origem social, riqueza econômica, gênero ou alguma outra razão) e, consequentemente, têm a capacidade de influenciar a transferência de fundos/recursos de forma desproporcional".[20] Bens e recursos públicos, como conhecimento, atenção e valores, não são distribuídos de forma justa, como também acontece com a riqueza material e o poder político. Mais precisamente, os padrões de distribuição de todos eles são distorcidos de maneiras semelhantes, por razões semelhantes. A captura pela elite é sintomática de sistemas sociais com desequilíbrios de poder.

A democracia importa?

Se a teoria política liberal oferecesse uma visão precisa do mundo (o que não acontece), seria possível concluir que o equilíbrio de poder em muitas regiões do mundo já é satisfatório. Afinal, muitas partes do globo são democracias autoproclamadas, e o sistema democrático deve ter como objetivo um equilíbrio saudável de poder. Nas democracias, aparentemente, as elites (formuladores de políticas) são colocadas no poder pelas não elites (cidadãos), que podem removê-las e substituí-las se elas falharem em defender os interesses públicos. Assim como o mítico mercado, supõe-se que a mítica democracia liberal por definição se autorregule e se autojustifique. Essa forma de abordar as questões de poder e governança tem integrado o discurso que vincula "liberdade" e "capitalismo" aos ideais e práticas da democracia liberal; segundo essa leitura, a liberdade de um país só precisa ser conquistada nas urnas e não, digamos, nos locais de trabalho.[21] Assim, se alguém acredita na democracia liberal, é possível que acredite que os desequilíbrios de poder em todos os lugares possam ser corrigidos instituindo arranjos como "ordem internacional regulamentada", "eleições democráticas" e "representação política formal". Resumindo, se os ideais corretos estão incorporados nos sistemas formais corretos, então os resultados desses sistemas são justificados.

Que fique claro: os arranjos formais são *realmente* importantes. Expressões como "representatividade política formal" são genuinamente significativas, uma vez que o funcionamento de lugares com menos representatividade política formal *de fato* tende a ser diferente do funcionamento de lugares onde há mais representatividade. No entanto, essas expressões muitas vezes são disseminadas de forma superficial e sem sentido. Portanto, se quisermos depositar nossas esperanças nos ideais de responsabilidade democrática, devemos avaliar o quanto estamos longe de realmente alcançar até mesmo esse baixo nível de controle de nossas próprias vidas. Após décadas dessa retórica democrática liberal, as estruturas reais de tomada de decisão raramente se apoiam sobre uma responsabilidade democrática real.

É mais provável que falemos sobre a captura pela elite em nível nacional. Em seu livro *#VidasNegrasImportam e libertação negra*, a professora de Princeton Keeanga-Yamahtta Taylor cita o exemplo revelador do copatrocínio da Bancada Negra do Congresso norte-americano na política antidrogas iniciada em 1986 por Ronald Reagan — política que ajudou a impulsionar o encarceramento em massa ao estabelecer diretrizes mínimas obrigatórias de condenação e adicionar 1,7 bilhão de dólares à guerra às drogas, enquanto os programas de bem-estar social eram cortados.[22] Essa legislação resolveu um problema tanto dos apoiadores de Reagan quanto das elites da Bancada Negra, pois permitiu que eles parecessem ocupados com o combate à epidemia de crack. Mas, com a aprovação da lei, os afro-americanos da classe trabalhadora deixaram de lidar com um problema muito complexo e passaram a enfrentar dois problemas interligados: a própria epidemia de drogas — não resolvida por essa medida draconiana — e o aumento da aplicação da lei discriminatória desencadeado pela legislação. Essas consequências levaram o senador democrata Daniel Patrick Moynihan a fazer uma avaliação marcante:

> Se culpamos o crack pelo crime, nossos políticos se salvam. Esquecidos ficam as escolas fracassadas, os maléficos programas de bem-estar, os bairros desolados, os anos perdidos. O crack é o único culpado. Somos tentados a pensar que, se o crack não existisse, alguém em algum lugar teria recebido uma bolsa federal para criá-lo.[23]

Alega-se com frequência que o governo federal foi diretamente responsável pela epidemia de crack.[24] No entanto, pouco importa saber se houve uma conspiração ativa, pois uma combinação de indolência, indiferença e oportunismo foi perfeitamente suficiente: as elites que atuam nos mecanismos de financiamento e fiscalização viram o que era melhor para seus interesses pessoais e simplesmente seguiram adiante; as previsões de efeitos negativos sobre as pessoas que elas supostamente representam não foram um obstáculo efetivo.

E temos ainda o capital. As décadas de 1950 e 1960 viram inovações importantes na gestão corporativa (em particular nos Estados Unidos, que estavam confortavelmente no topo da economia global pós-Segunda Guerra Mundial): incremento nas aquisições de empresas, alienações, fusões, grandes vendas de "atividades não essenciais" e outras formas de reorganização de negócios por acionistas ávidos por lucros.[25] Essas tendências se intensificaram na década de 1980, produzindo o que os pesquisadores chamam de "revolução dos acionistas" — uma proliferação de técnicas de gerenciamento que colocaram os antes acomodados gestores do setor sob a rígida disciplina de acionistas agressivos.[26] Essa segunda fase da revolução dos acionistas coincidiu com e ajudou a produzir uma "revolução comercial global" mais ampla, um "rápido processo de concentração e desenvolvimento global em vários setores que fornecem bens e serviços" aos "integradores de sistemas", ou seja, às poucas grandes empresas capazes de reorganizar a produção global em torno de seus modelos de negócios e ativos "essenciais".[27]

As elites no topo das megacorporações "integradoras de sistemas" não pararam de reorganizar a produção global em torno da valorização de suas ações. Na verdade, elas estão reorganizando tudo. Essas corporações construíram seu próprio sistema judicial paralelo de "arbitragem", removendo efetivamente de indústrias inteiras até a menor pretensão de revisão judicial.[28] Projetos de serviços públicos em todo o mundo, mas especialmente no Sul Global, foram financiados por "parcerias público-privadas", ou seja, "acordos contratuais de longo prazo em que o setor privado se compromete a financiar e administrar serviços públicos [...] desde que possam compartilhar os riscos com o Estado". Os economistas Ndongo Samba Sylla e Daniela Gabor explicam que a maneira como isso tem funcionado é típica do capitalismo racial: garantir segurança financeira para os acionistas através da precariedade — financeira e de outros tipos — de pessoas em países como o Senegal e a Costa do Marfim, que pagam altas taxas para acessar a infraestrutura financiada pelo setor privado.[29] Para piorar a situação, as gigantes da tecnologia de mídias sociais são proprietárias de grandes setores da economia de atenção em todo o mundo, administrando plataformas repletas de práticas abusivas — uma investigação divulgada em 2021 pela jornalista Karen Hao revelou que as maiores páginas do Facebook voltadas para "cristãos americanos" e "afro-americanos" eram administradas por fábricas de trolls que exploravam os algoritmos da plataforma para enviar informações a dezenas de milhões de americanos com o objetivo de inflamar e explorar as divisões sociais. Essas fábricas também operam na Índia, no Reino Unido e em toda a América Central e do Sul.[30]

Contudo, a captura pela elite talvez seja mais clara no nível multinacional, em que decisões importantes sobre possibilidades econômicas são tomadas por grandes instituições globais sem qualquer pretensão de responsabilidade democrática. Essas instituições surgiram nos últimos anos da Segunda Guerra Mundial, quando a ordem mundial estava sendo reconstruída e os Estados Unidos emergiam como hegemonia global. Seus fundadores se reuniram em Bretton Woods, no estado de New Hampshire, onde criaram o Fundo Monetário Internacional (FMI) e o que mais tarde se tornou o Banco Mundial. Quaisquer que sejam as estreitas pretensões "técnicas" de seus mandatos, essas organizações na verdade têm imenso poder de governo. Elas oferecem pacotes de ajuda condicionados a determinadas decisões de governança do país ajudado — decisões que contribuem para determinar a disponibilidade de empregos e serviços públicos e o preço dos alimentos. Esses aspectos cotidianos básicos que não fazem parte da vida da elite são, portanto, colocados nas mãos de burocratas estrangeiros sobre os quais as populações não têm meios de controle democrático ou mesmo qualquer pretensa relação democrática.[31]

A década de 1980 apresentou um conjunto particularmente controverso de "programas de ajuste estrutural", por meio dos quais o FMI forçou governos a liberalizar seus mercados e desvalorizar suas moedas a fim de se qualificarem para os empréstimos necessários.[32] E por que eles precisavam tanto dos empréstimos a ponto de aceitar esse acordo? Em termos gerais, porque os governos coloniais haviam expropriado muitas riquezas das colônias, de inúmeras maneiras, durante séculos. O Banco Mundial e o FMI continuam até hoje incentivando, de maneira predatória, as nações pós-coloniais a manterem altos níveis de dívida securitizada. Por meio do controle financeiro, eles operam na prática como órgãos governamentais, vinculando a ajuda necessária a condições politicamente deturpantes.[33]

O controle exercido pelas instituições criadas em Bretton Woods não tem nem mesmo uma aparência democrática. Como nelas o poder de voto é alocado por medidas de riqueza e não de população, os países de baixa e média rendas (grande parte do Sul Global) têm parcela minoritária de votos, apesar de representarem 85% da população mundial.[34] O processo de votação nessas instituições é, portanto, desviado na direção dos blocos de poder do passado, e não das necessidades do presente. Além disso, os chefes do Banco Mundial e do FMI são tipicamente dos Estados Unidos ou da Europa e nomeados por eles, e não eleitos de alguma forma (mesmo que distorcida).

Houve tentativas genuínas de desafiar o Banco Mundial e o FMI. Durante décadas, os latino-americanos elegeram líderes populistas em resposta aos desdobramentos mais recentes do capitalismo neoliberal. No entanto, os resultados foram controversos e os fracassos, sangrentos. O Equador, por exemplo, passou por décadas de conflito entre "defensores radicais da nacionalização dos recursos" e "antiextrativistas", um debate que se tornou possível (se não inevitável) por causa da dependência em relação à extração de combustíveis fósseis, de onde o país obtém a receita que financia seus projetos sociais e paga sua dívida pública.[35]

Ao longo das décadas entre a Segunda Guerra Mundial e o presente, a parceria funcional entre o capitalismo e a democracia liberal, com sua aparência de legitimidade popular, perdeu força em todo o mundo. É por isso que o jurista Issa

Shivji descreve a democracia liberal como "sitiada". Em sua opinião, ela está em declínio por causa das armadilhas sociológicas criadas pelo capitalismo monopolista: "crescimento sem emprego, distribuição desigual e desigualdade insuportável" e a consequente alienação de grande parte da população do sistema político.[36] Da mesma forma, o sociólogo Wolfgang Streeck argumenta que o ideal democrático liberal vem se desintegrando há décadas. Mas, em vez de um golpe catastrófico ou um episódio violento, para Streeck o fim da democracia simplesmente *é* a captura gradual da política pelas elites:

> À medida que uma crise se seguiu à outra, e com elas a crise fiscal do Estado, a arena do conflito distributivo mudou, afastando-se da esfera da ação coletiva dos cidadãos rumo a locais de decisão cada vez mais remotos, onde os interesses aparecem como "problemas", no jargão abstrato dos especialistas tecnocráticos.[37]

Captura em todas as escalas

Streeck descreve algumas características comuns da captura pela elite: menos ação coletiva das pessoas, locais de decisão mais remotos e ascensão de tecnocratas. Essas mudanças são visíveis não apenas no nível da política nacional e internacional, mas também em níveis menores de organização.

Veja, por exemplo, o lugar do mundo onde eu trabalho: a torre de marfim da academia. No livro *Philosophy of African American Studies* [Filosofia dos Estudos Afro-Americanos], o professor Stephen Ferguson II, da Universidade Estadual da

Carolina do Norte, descreve a captura pela elite nos estudos da negritude, que devem sua existência aos movimentos radicais estudantis das décadas de 1960 e 1970 mas desde então, contudo, foram "transformados em uma engrenagem burocrática na roda acadêmica controlada por administradores, sem praticamente nenhuma contribuição democrática dos estudantes ou da comunidade da classe trabalhadora negra".[38]

Essa não é uma característica específica da influência da torre de marfim na política negra. Em parte o Coletivo Combahee River foi formado em razão de falhas de solidariedade em vários eixos sobrepostos de diferença: divisões de gênero nas lutas pela libertação negra, divisões raciais nos movimentos pela libertação das mulheres e divisões de sexualidade nas organizações feministas negras. Nem essas tensões nem as formas de captura pela elite que elas representavam eram novas na época: *Mulheres, raça e classe*, de Angela Davis, apresenta uma análise magistral de formas similares de captura pelas feministas mais bem posicionadas durante os primeiros movimentos antiescravistas e em favor dos direitos das mulheres no século XIX.[39] Alguns estudiosos argumentam que mesmo E. Franklin Frazier exemplificou certas dessas tendências, vinculando os problemas sociais da comunidade negra à prevalência de famílias chefiadas por mulheres.[40]

Ou, em vez de ampliar o contexto dentro do qual procuramos a captura pela elite, podemos manter a mesma escala, mas inverter as identidades. Ou seja, em vez de pensar na política de classe dos estudos raciais, podemos descrever a política racial do ativismo de classe, em que descobrimos que os brancos (elites raciais) tendem a capturar o processo de tomada de decisão de organizações socialistas, sindicatos e afins.[41]

A captura pela elite não é específica da política negra. Veja, por exemplo, as últimas décadas de política queer, ilustradas no ensaio apropriadamente intitulado "Você queria o casamento entre pessoas do mesmo sexo? Agora você tem Pete Buttigieg". Nele a jornalista Shannon Keating lamenta a trajetória da política queer dominante, que gradualmente se afastou dos elementos mais radicais e progressistas postos em cena pela Revolta de Stonewall, em 1969, e pela Act Up (Aids Coalition to Unleash Power), organização combativa nova-iorquina, e seguiu em direção aos objetivos assimilacionistas de ser representada e tratada como igual por políticos democratas como Buttigieg — midiático, monogâmico, branco, financeiramente estável e abertamente cristão. Segundo Keating, "a melhor maneira de pessoas queer progredirem, ao que parece, ainda é agir como se fôssemos *exatamente iguais a todo mundo*".[42] Barbara Smith, uma das organizadoras do Coletivo Combahee River (que, conforme descrito na introdução, criou o termo "política de identidade"), abandonou o envolvimento ativo no movimento LGBTQ dominante por esse motivo.[43]

Quando analisamos as distribuições desiguais de poder, em todas as escalas, em todos os contextos, os padrões de captura pela elite acabam aparecendo. Na ausência dos tipos certos de controle ou restrição, o subgrupo de pessoas com poder e acesso aos recursos usados para descrever, definir e criar realidades políticas — em outras palavras, as elites — captura os valores do grupo, forçando as pessoas a se organizarem em um projeto social mais restrito que representa desproporcionalmente os interesses da elite. Quando as elites estão no comando, os interesses do grupo são reduzidos ao que ele tem em comum com os que estão no topo, na melhor das hipóteses. Na pior, as elites lutam por seus interesses restritos usando a bandeira da solidariedade de grupo.

Este capítulo tentou comprovar algo que afirmei na introdução: que a captura pela elite é um problema político geral, não um problema específico enfrentado apenas pela política de identidade ou antirracista. Perceber *que* a captura pela elite se manifesta em todo o nosso sistema social global é um bom começo, mas, se vamos fazer algo a respeito disso, também seria útil saber o *porquê.*

2. Ler a sala

ANNA ELIZA RIDDLE ocupava um lugar incomum. Talvez sua proprietária só fosse uma grande entusiasta da leitura, ou talvez isso tivesse algo a ver com o fato de Anna ter uma pele mais clara — havia rumores de que um de seus avós era branco. Nesse caso, a proprietária de Anna poderia muito bem ter sido sua tia. De qualquer forma, a senhora infringiu a lei e, com isso, Anna passou a ocupar o lugar incomum de pessoa negra escravizada que sabia ler.

Quaisquer que fossem os méritos dessa pequena gentileza da família de fazendeiros, eles foram ofuscados pela dura realidade da escravidão racial, incluindo o fato de os senhores terem respondido às dificuldades financeiras durante a adolescência de Anna ameaçando vender sua mãe e seus dois irmãos mais novos. Heroicamente, a adolescente ofereceu a si mesma num leilão, para manter o resto da família unida, mas ela não recebeu ofertas altas o suficiente e os fazendeiros voltaram ao trágico plano original de separar a família.[1]

Alguns anos depois, durante a Guerra Civil Americana, James Henry Woodson também se viu ocupando um lugar incomum em território confederado. Ele estava fugindo. Seu proprietário o havia emprestado como mão de obra a um homem que o pôs para trabalhar cavando valas, mas James aproveitou o tempo livre fabricando armadilhas e móveis para vender e ganhar seu próprio dinheiro. Um dia, o homem o encontrou empenhado justamente nisso. Furioso com a afronta, ele tentou açoitar James, mas este, sabendo que o Exército da União estava por perto, revidou e fugiu para a casa de seu proprietário. Explicou a situação como um "desentendimento", mas, para seu ultrajado dono, a história soou como sintoma de um problema muito maior. "Desentendimento! Esse é o problema agora! Todos livres! Todos livres!", exclamou o homem branco. E James respondeu: "Sim, estamos livres... E se você me aborrecer, eu te mato, seu demônio". E foi embora novamente.[2]

Mas James não foi apenas *embora*, deixando o fazendeiro branco que ele havia ameaçado; ele rumou para o leste, em direção a Richmond, na Virgínia, onde soubera que poderia encontrar os soldados da União. De fato, encontrou alguns soldados e contou sua história a eles. Conduziu-os primeiro até o homem que há pouco havia tentado açoitá-lo, e os soldados "puniram" o fazendeiro. Em seguida, James os levou para vários postos de abastecimento e armazéns confederados, ajudando o exército da União a saquear os suprimentos do exército do Sul. Ele passou o resto da guerra como patrulha do exército da União e, com isso, se juntou aos grandes grupos de afro-americanos escravizados que se engajaram em sabotagens, abandonaram o trabalho e foram lutar militarmente — a "greve geral" que, nas palavras de W. E. B. Du Bois, ajudou a derrotar a Confederação e destruir o sistema escravista nos Estados Unidos.[3]

Anna e James se casaram logo após a guerra, em 1867. O obstinado casal tentou a sorte no difícil jogo de cartas marcadas da lavoura arrendada, conseguindo juntar dinheiro suficiente para comprar uma pequena fazenda na Virgínia Ocidental. Ali, em 1875, eles tiveram o quarto filho: Carter Godwin Woodson. A vida na fazenda era dura e exigia esforços de toda a família, mas Anna garantiu que Carter e seus irmãos também pudessem estudar. Eles passavam quatro meses ao ano em uma escola administrada por dois irmãos de Anna que também haviam aprendido a ler. Isso significa que Carter era filho e aluno de ex-escravos.[4]

Aos dezessete anos, Carter arrumou um trabalho nas minas de carvão da Virgínia Ocidental. Quando um dos colegas de trabalho, um veterano negro da Guerra Civil, descobriu que Carter sabia ler, os mineiros negros traçaram um plano: juntariam dinheiro para assinar o jornal *Richmond Planet*, editado por afro-americanos, e vários outros jornais diários brancos, e Carter os leria em voz alta para o grupo. Esses grupos de leitura e discussão ajudaram Carter a aprender cada vez mais sobre o mundo em geral.

Carter não parou por aí. Ele completou os quatro anos de ensino secundário em apenas dois e frequentou cursos universitários no Berea College, uma das raras faculdades com integração racial no Kentucky, fundada pelo abolicionista John Fee em 1855 — tudo isso enquanto ajudava, como educador em uma escola para filhos de mineiros, primeiro, e depois como diretor de uma escola para afro-americanos.[5] Após vencerem a Guerra Hispano-Americana de 1898, os Estados Unidos tomaram dos espanhóis o controle da possessão colonial das Filipinas — o que proporcionou a Carter, cidadão americano, a oportunidade de ganhar um salário decente na nova colônia ensinando inglês e trabalhando na lavoura durante o dia, e aprendendo espanhol, francês e história da Europa à noite.

Usando esses conhecimentos e suas economias, Carter viajou por Ásia, África e Europa, aprendendo sobre os sistemas educacionais e assistindo a palestras sobre a história de diferentes lugares à medida que os conhecia. Ele retornou aos Estados Unidos em 1907 determinado a se tornar pesquisador para corrigir o silêncio da história em relação aos negros: tanto a exclusão racista dos afro-americanos da história dos Estados Unidos quanto a ignorância e o desinteresse generalizados pela história africana.[6] Depois de obter um segundo diploma de graduação e um mestrado na Universidade de Chicago, ele se matriculou na Universidade Harvard, onde obteve o doutorado em história. Carter foi o segundo afro-americano a fazer isso, seguindo W. E. B. Du Bois.[7]

Apesar de ter um doutorado, Woodson não teria uma vida estável na academia. Ele era rigoroso em seus critérios, o que o colocava em conflito com muitas pessoas que, de outra forma, poderiam tê-lo ajudado na carreira acadêmica. Em 1919, recém-chegado à Universidade Howard, ele criou o primeiro curso de história afro-americana da instituição; mas logo no ano seguinte passou a ser monitorado pela administração por criticar seu empregador em um grande jornal. Era o auge da Ameaça Vermelha — a Revolução Russa de 1917 acabara de causar pânico nas elites de todo o mundo — e o senador Reed Smoot criticou a universidade por ter na biblioteca um panfleto sobre "os bolcheviques e os sovietes".[8] Quando o presidente da Howard ordenou que o item fosse retirado do acervo, Carter não se calou, e logo se viu sem emprego.

Empregado ou não, Carter G. Woodson continuou suas pesquisas. Ele já havia fundado o *Journal of Negro History*, por meio do qual continuou seu trabalho pioneiro na história afro-americana, produzindo academicamente de acordo com suas próprias exigências e apoiando acadêmicos jovens e emergentes, como Zora Neale Hurston. Também fundou a Associação para o Estudo da Vida e da História dos Negros (hoje conhecida como Associação para o Estudo da Vida e da História Afro-Americana), financiada por um esforço comunitário de arrecadação de fundos. Por meio de clubes de história negra em escolas secundárias, versões teatrais de eventos históricos e pôsteres, a organização difundiu o conhecimento da história negra por todos os Estados Unidos.[9] Os livros de Carter estavam entre os usados secretamente por educadores negros de todo o país para subverter o controle branco sobre o que os alunos negros aprendiam. Esses esforços contribuíram para uma rede mais ampla de práticas intelectualmente subversivas de acadêmicos e educadores negros, as quais o estudioso da educação Jarvis Givens chama de "pedagogia fugitiva".[10]

De acordo com Daryl Michael Scott, historiador da Universidade Howard, Woodson acreditava que publicar a "história científica" transformaria as relações raciais. Scott ressalta que, durante o movimento pelos direitos civis, alguns anos depois, a abordagem histórica de Carter foi ensinada nas Escolas da Liberdade criadas por ativistas em todo o Sul. "O movimento da História Negra", explica ele, "foi uma insurgência intelectual que fez parte de um esforço muito maior para transformar as relações raciais."[11]

Mas por que Carter achava que um movimento intelectual poderia desafiar seriamente uma estrutura política?

Carter G. Woodson era historiador e, sem dúvida, também era filósofo. Isso é evidente em grande parte de seu trabalho, mas especialmente no livro *A des-educação do negro*, de 1933, no qual ele explica como a captura pela elite estrutura os sistemas educacionais das sociedades. As reflexões perspicazes de Woodson esquematizam um processo mais geral que acontece em vários níveis e contextos de nossas vidas sociais.

No capítulo anterior, destaquei a extensão surpreendente da captura pela elite, observando quantos de nossos recursos, instituições e até agendas políticas evidenciam o controle direto ou a influência significativamente desproporcional dos mais favorecidos. Mas eu ainda não descrevi, no sentido de fazê-lo de forma rica e complexa, o que *é*, no fundo, a captura pela elite. Entender isso pode ajudar a explicar por que ela aparece em tantos aspectos da vida social: do sistema educacional ao mercado imobiliário, da pequena dinâmica interna de um grupo ativista à escala massiva de um governo. O mais importante, porém, é que entender o que é a captura pela elite pode nos ajudar a identificá-la quando estivermos diante dela — e, depois de identificá-la, poderemos pelo menos traçar estratégias para conter seus piores excessos nos nossos movimentos e em nossas vidas.

Uma viagem por um conto de fadas, na companhia de alguns filósofos e teóricos dos jogos, nos ajudará a esclarecer o que é a captura pela elite e por que ela aparece em todos os lugares.

O terreno em que pisamos

Sem dúvida, você já ouviu a história do rei nu. Como Hans Christian Andersen contou, funcionários do rei lhe entregaram um cabide dizendo que pendurado nele estava um traje feito de tecido mágico, mas que era invisível para qualquer pessoa incompetente ou completamente burra. Na verdade, no cabide não havia absolutamente nada. O rei vestiu o tal "traje" e andou nu pela cidade. Tendo os súditos ouvido falar do mito de que ver a nudez seria uma confirmação de incompetência e burrice, nenhum deles ousou apontar o óbvio, nem mesmo o servo designado para segurar a "cauda" da roupa inexistente. O feitiço se manteve mesmo enquanto o rei era escoltado pela cidade em um desfile comemorativo. Por fim, uma criança grita: "Mas ele não está vestindo nada!", e o feitiço se quebra.

Como a maioria das fábulas, essa história traz em si revelações profundas sobre o mundo social. Uma delas é a forma como nossas interações são fundamentalmente estruturadas pelo poder. É tentador explicar as hierarquias e estruturas sociais opressivas em termos das coisas com que nos comprometemos sinceramente, ou seja, nossas crenças, atitudes e inabaláveis ideologias. Quando olhamos para as coisas dessa maneira, vemos o racismo como uma forma de pensar o lugar de alguém no mundo (como "supremo", como "humano") e um conjunto de crenças sobre o lugar dos outros, vemos a misoginia como uma forma de olhar para o masculino e o feminino (de enaltecimento do primeiro e desrespeito pelo segundo) e assim por diante.

Essa forma de entender os fenômenos em termos de ideologia ou crença tem um mérito: com certeza o que realmente pensamos sobre nós mesmos, o mundo e o que devemos uns aos outros *afeta* a forma como nos movemos pelo mundo. Mas a relação entre o que cada um de nós considera verdadeiro e bom e a forma como organizamos nossas interações cotidianas específicas é muito mais tênue do que essa abordagem sugere — e a história do rei nu parece feita sob medida para nos mostrar isso.

A interação entre o rei e a multidão é uma ilustração de como, à medida que conversamos ou interagimos, construímos o mundo juntos. Palavras, gestos e sinais não se interpretam sozinhos; cabe a seus usuários e observadores fazer alguma coisa com eles. A comunicação é uma espécie de "ação conjunta" na qual cada indivíduo está desempenhando sua parte em algo que *nós* estamos fazendo juntos.[12] Assim, os filósofos da linguagem frequentemente enfatizam que para nos comunicarmos precisamos compartilhar, e entre as coisas que compartilhamos estão as informações: afinal, se tivéssemos que começar do zero, construindo as bases de nossas concepções de mundo toda vez que iniciássemos uma conversa, seria difícil falar sobre algo interessante ou fazer algo minimamente complicado juntos. Em vez disso, quando nos comunicamos, presumimos certas "crenças comuns" ou "crenças compartilhadas" — não apenas coisas que *eu* sei e que *você* sabe, mas coisas que eu-sei-que-você-sabe, você-sabe-que-eu-sei e assim por diante.[13]

O filósofo Robert Stalnaker chama essas informações públicas de "terreno comum", comparando-as a um recurso compartilhado que os participantes de uma conversa usam para construir e realizar interações sociais.[14] À medida que nos movemos pelo mundo, o "terreno" sob nossos pés muda. Adicionamos coisas ao terreno comum quando compartilhamos informações e perspectivas. Nossas respostas coletivas aos acontecimentos à nossa volta criam novos pontos em comum ao longo do tempo, e alteramos o terreno comum quando usamos nossas palavras para desafiá-lo e remodelá-lo, o que vai desde contestar boatos pessoais até renovar a sabedoria cultural de longa data. Cada uma dessas interações muda as informações que tratamos como públicas e compartilhadas.

O que é importante sobre essas informações públicas é o que fazemos com elas. Quando atuamos em contextos sociais, tratamos as informações do terreno comum *como se fossem verdadeiras*, ou seja, nós as tratamos como uma premissa para a ação pública.[15] O uso desse acervo comum de suposições é onipresente na vida social: é porque compartilhamos tantas suposições sobre refeições e socialização que minha cara-metade me dizer que amigos estão vindo aqui em casa hoje à noite é suficiente para que eu prepare mais comida e ponha lugares extras na mesa de jantar. Da mesma forma, os personagens do conto tratam um rei nu, supostamente vestido, como a premissa para a ação compartilhada de aplaudir — e isso dá sentido à escolha deles de aplaudir, em algum nível. Mas, conforme a fábula expõe, existem vários motivos para agir como se algo fosse verdade,[16] e a crença genuína é apenas uma entre muitas possíveis razões.

O surgimento das redes sociais nos tornou hiperconscientes de algo que sempre existiu na comunicação: o mundo social no qual conversamos uns com os outros é complexo, e em geral o que queremos das interações vai muito além do que aparentemente estamos dizendo. Nosso objetivo é gerenciar relacionamentos e reputações; buscar influenciar ou frustrar a tentativa de outra pessoa de fazer o mesmo;

reforçar o nosso "lado" nas disputas políticas (em sentidos amplos e nos mais restritos); obter recursos e recompensas ou evitar punições e obstáculos.

Assim como o senso comum, um terreno comum nem sempre é tão "comum" quanto anunciado. Em um dia bom, nos comunicamos de boa-fé e por boas razões. Talvez aceitemos uma nova ideia que desafie nossa perspectiva anterior e a incorporemos ao nosso senso compartilhado. Fazemos isso como parte do compartilhamento significativo do mundo com as pessoas ao nosso redor, confiando que elas também se comunicam de boa-fé e por boas razões.

Podemos aceitar novas informações no terreno comum porque acreditamos que essas informações sejam verdadeiras, assim como podemos rejeitar informações antigas porque acreditamos que sejam falsas — certamente é assim que todos os cientistas do mundo gostariam que as coisas fossem —, e nos preocupamos em cuidar da qualidade do terreno comum, na medida em que nossa capacidade de viver e prosperar juntos depende disso. Isso, pelo menos, é uma imagem de como o terreno comum pode funcionar em um contexto social no qual distribuímos confiança, respeito e autoridade de maneira justa e equilibrada, e no qual nos comunicamos buscando o bem comum. Parece ótimo, não é?

Nossos contextos sociais são, é claro, muito menos cor-de-rosa.

Considere um cenário diferente. Este vem do filósofo da linguagem David Lewis.[17] Fiel ao estilo desprendido dos chamados filósofos analíticos, Lewis apresenta como exemplo um experimento mental puro e simples:

> Por alguma razão — coerção, obediência, propósito comum — duas pessoas estão dispostas a que uma delas esteja sob o controle da outra. (Pelo menos dentro de certos limites, em uma determinada esfera de ação, desde que certas condições prevaleçam.) Chame um de *escravo*, o outro de *senhor*. O controle é exercido verbalmente, tal como segue.[18]

Mas esse ponto de vista é enganoso. Como a escravidão foi uma instituição social real, Lewis está, na verdade, descrevendo as regras de comunicação que governaram as interações reais que foram parte integrante da construção do capitalismo racial e do sistema político global que ele produziu.

Ainda assim, vamos continuar com este experimento mental puro e simples só por um instante. Um senhor falando com seu escravo ocupa uma posição de poder que decide o que é comunicativamente possível quando eles interagem. Por exemplo, a recusa dos senhores em considerar a possibilidade de estar chovendo lá fora excluiria formas de falar que presumam que esteja chovendo. Está na natureza desse relacionamento social — e, como resultado, de suas conversas — que essa relação de poder seja unidirecional. A experiência do escravo com a chuva, por mais direta que seja, não é elegível como contribuição para entendimentos compartilhados. O terreno comum não é um recurso governado democraticamente, pela mesma razão que nenhum dos outros recursos ao redor deles é: eles vivem em uma sociedade escravista.

Com frequência a comunicação é descrita em termos excessivamente racionais, que levam sua função de troca de informações muito a sério. De acordo com essas perspectivas, ter uma oferta de informação pública rejeitada injustamente é ser prejudicado de forma "epistêmica" específica "como conhecedor".[19] Os sistemas de injustiça que aparecem em nossas interações comunicativas são, portanto, frequentemente tratados como um tipo ideológico específico de injustiça, enraizados em um sistema de crenças apartado ou mesmo subjacente em relação a outros sistemas de injustiça.[20]

Mas outra possibilidade é que a comunicação seja simplesmente um tipo de ação e, portanto, a maneira como conversamos seja amplamente governada pelas mesmas forças e normas e pelos mesmos incentivos que explicam tudo o que fazemos. Assim, as elites "capturam" nossas conversas basicamente pelas mesmas razões e da mesma forma que capturam todo o resto.

O que pensam as pessoas que aplaudem o rei nu? Podemos, se quisermos, construir uma arquitetura racional complexa para explicar por que elas o aplaudem. Podemos imaginar que elas acreditam de verdade, com base em todo um complexo de mitos legitimadores. Talvez tanto o rei quanto os habitantes da cidade sejam genuinamente persuadidos pela falsa história do traje invisível porque acreditam em *outra* história falsa sobre a percepção única que o rei tem da estrutura profunda da realidade, ou porque acreditam em algum mecanismo sobrenatural que pune falhas pessoais com alucinações. Esse é o tipo de argumento que as pessoas costumam apresentar quando tentam explicar a opressão apelando ao "viés implícito", à "ideologia", à "injustiça epistêmica" ou a explicações culturais enraizadas na podridão moral e espiritual das sociedades opressivas.

Há algo errado com *os habitantes da cidade*, essas explicações parecem dizer. Então, se quisermos saber por que eles estão se comportando dessa maneira estranha neste dia estranho, é melhor descobrir o que os aflige psicológica ou culturalmente, ou em alguma outra dimensão que molde suas percepções e intuições. Decerto os que adotam essa perspectiva estão no *caminho correto*. Seria difícil imaginar que uma sociedade exija obediência servil nas conversas durante dias, anos e gerações sem fazer nenhuma modificação na forma como as pessoas realmente pensam e sentem o mundo e agem nele.

Contudo, teremos uma resposta diferente se perguntarmos não por que as pessoas *acreditam* no rei, mas por que estão agindo *como se* acreditassem nele. Dito de outra forma, dessa perspectiva não são as *crenças* que estão sendo organizadas sistematicamente, mas o *comportamento*. Tal forma de pensar a situação permite ainda a possibilidade de que os habitantes da cidade, de fato, mantenham estruturas de crenças que embasam seu *comportamento*. Mas, diferente da primeira abordagem, esta se preocupa seriamente com o que os habitantes da cidade ganham ao jogar o jogo — e o que têm a perder se não o fizerem.

Se as pessoas tomam decisões comunicativas pelos mesmos motivos que tomam outras decisões, toda a situação se torna muito menos misteriosa. A resposta sobre o que estavam pensando todos os habitantes da cidade que aplaudiam o rei nu pode ser simples: "Se eu não jogar o jogo do rei, algo ruim pode me acontecer".

Esse ajuste pode parecer insignificante, mas esclarece um motivo de insatisfação com as explicações que envolvem crenças, atitudes e cultura: ao levar as justificativas formais para interações hierárquicas um pouco a sério demais, essas explicações correm o risco de não captar profundamente o que realmente está acontecendo entre as pessoas, em especial quando se trata de interações abusivas. Robin D. G. Kelley e James C. Scott argumentaram de forma convincente que até mesmo seus colegas historiadores profissionais são propensos a esse tipo de erro, pela tendência a confundir amplos períodos da história nos quais as populações oprimidas "jogaram o jogo" de sistemas opressivos com evidências de que essas pessoas "realmente acreditavam" nesses sistemas.[21] Na verdade, algumas delas estavam bem longe de acreditar de verdade: eram trapaceiros que jogavam o jogo seguindo o script social enquanto resistiam com astúcia aos poderes constituídos.[22]

Não precisamos presumir que o padeiro e o fabricante de castiçais que estão tratando de cuidar da vida quando o rei nu passa por eles tenham qualquer interesse em saber se o rei de fato está ou não vestido. Podemos supor que seu principal interesse no dia fosse vender o pão e os castiçais — ou seja, manter a comida na mesa e afastar os cobradores de impostos. Entre seus pensamentos imediatos enquanto observam o rei haverá histórias pessoais e partes de terreno comum. Talvez os dois cidadãos conheçam a história do plebeu que se torna nobre porque o rei fica muito satisfeito com seus produtos, ou eles podem estar pensando na história muito mais provável, até mundana, de um comerciante que é preso ou torturado publicamente por não ter pagado suas dívidas ou ter insultado o trono real.

Há muitas histórias de fundo que podem levar um padeiro e um fabricante de castiçais a abrirem uma loja numa rua pela qual o rei às vezes desfila, e elas podem moldar seus pensamentos ao vê-lo se aproximar, mas nenhuma delas tem a ver com o que o rei está ou não vestindo — nem com as verdadeiras crenças do padeiro ou do fabricante de castiçais sobre o que o rei está vestindo. No entanto, acontece que essas histórias por si sós explicam adequadamente por que um padeiro e um fabricante de castiçais fazem o que o rei espera que eles façam naquele dia.

Para entender essa história, basta observar com calma o que *é* autoridade e como ela funciona para organizar a vida social.

O problema, na verdade, não são os habitantes da cidade do rei, nem mesmo o rei. É a *cidade*. É o reino.

A teoria da deseducação

Chega de metáforas. A ideia é bastante clara quando dita de forma simples: nossas estruturas políticas afetam a estrutura de todas as nossas interações.[23] Essa é a ideia que as viagens de Carter G. Woodson pelo mundo lhe trouxeram de forma muito poderosa — e, como sua análise continua potente, vamos nos aprofundar um pouco mais nela.

Uma das críticas de Woodson tem a ver com a estratégia política negra. Segundo ele, a "chamada educação moderna" oferecida aos estudantes negros era mais parecida com os "sistemas especiais adotados por governos e instituições privadas para educar nativos em suas colônias e possessões", que haviam sido "elaborados em conformidade com as necessidades daqueles que escravizaram e oprimiram povos mais fracos".[24] O objetivo era conferir diplomas e outros marcadores de prestígio e distinção social a determinados grupos de afro-americanos, para os quais a saída da comunidade negra geralmente era tanto a recompensa quanto o preço a ser pago. Como um programa de "elevação racial", disse ele, isso equivalia a uma tentativa de transformar os *próprios* negros na imagem de uma sociedade opressiva. Teria sido melhor mudar as condições sociais que contribuíam para a opressão.

Sua segunda crítica, sobre o conteúdo da educação disponível para negros, conecta ainda mais os pontos. Woodson ressaltou que os currículos ministrados foram todos construídos em torno de informações selecionadas como importantes pelo sistema educacional racista dominante. Ele dá um exemplo memorável no terceiro capítulo de *A des-educação do negro*:

> Nas escolas de medicina, os negros eram, da mesma forma, convencidos de sua inferioridade ao serem lembrados de seu papel como portadores de germes. A prevalência da sífilis e da tuberculose entre os negros era especialmente enfatizada sem que se mostrasse que tais moléstias causavam mais mortes entre os negros por serem doenças caucasianas; e como essas pragas são novas para os negros, esses doentes não tinham conseguido desenvolver a imunidade contra elas que o tempo havia proporcionado aos caucasianos. Outras doenças que atingem com facilidade os negros eram mencionadas para apontar a raça como um elemento indesejável, quando essa condição se relacionava a seu status econômico e social. Dava-se pouca ênfase à imunidade do negro a doenças como a febre amarela e a gripe, tão desastrosas entre os brancos. Sim, os brancos não eram considerados inferiores por terem menos resistência a essas pragas.[25]

A descrição de Woodson se refere aos relatórios de professores com informações médicas de populações afro-americanas. Ele não contesta os números — afinal, os professores estavam adicionando informações *precisas* ao terreno comum. No entanto, afirma Woodson, essas informações serviram para sustentar o racismo. Isso se deve ao que já estava no terreno comum: uma imagem do mundo na qual as informações estatísticas sobre doenças mais prevalentes entre os negros se encaixam naturalmente nas narrativas prévias predominantes sobre sua sujeira e inferioridade, enquanto informações equivalentes sobre doenças desproporcionalmente mais prevalentes entre os brancos se encaixam em narrativas prévias sobre sua superioridade. O racismo não estava necessariamente embutido nessa proposição em particular, nessa instância específica de comunicação, mas na narrativa em que ela estava inserida.

Woodson retrata uma imagem vívida de como o sistema de poder em segundo plano estrutura as interações em sala de aula de maneiras complexas — e também, para falar a verdade, bem compreendidas. É exatamente a mesma dinâmica que garante ao rei nu que ele pode contar com elogios e bajulações sobre seu traje. Não existem informações imparciais, nenhuma comunicação simétrica é possível em uma sala de aula colonial. Essa assimetria na educação era um produto, e Woodson sabia disso — ele havia estudado em salas onde ela era produzida.

Carter G. Woodson compreendeu cedo a forma como o poder molda. Como jovem minerador de carvão na Virgínia Ocidental, ele passou anos aprendendo sobre a Guerra Civil Americana com pessoas que realmente lutaram nela. Essa formação incluía debates acalorados entre colegas de trabalho no pátio da ferrovia onde seu pai, James, trabalhava ao lado de muitos ex-confederados — debates que foram cancelados pelo empregador depois que uma discussão entre James e seu ex-chefe confederado chegou às vias de fato.

Mais tarde, como estudante de graduação na Universidade Harvard, Woodson estudou com historiadores renomados, como Edward Channing, que viria a ganhar o prêmio Pulitzer. Channing argumentou em seu curso não apenas que os afro-americanos não tinham uma história própria, mas também que não tiveram nenhum papel importante em grandes eventos históricos, incluindo a Guerra Civil Americana. Woodson reagiu contra o professor, que o desafiou a provar seu ponto de vista. Mal sabia Channing que, em primeiro lugar, a intenção do aluno era fazer exatamente isso, e era a principal razão pela qual ele estava estudando em Harvard. De fato, Carter já estava bem ciente de que os livros didáticos mencionando homens como Channing favoreciam e enalteciam as perspectivas que davam poder a pessoas como o capataz de James Woodson e ignoravam a perspectiva de pessoas como James.

Essas experiências inspiraram Woodson a produzir um outro tipo de história: história afro-americana. Por meio do *Journal of Negro History* e das instituições educacionais que fundou, ele produziu uma história negra que atendia às suas próprias exigências acadêmicas.

O objetivo não era apenas mudar corações e mentes, mas mudar o *terreno comum* — mudar quais informações podiam ser *usadas* pelas pessoas em suas interações cotidianas.

Captura pela elite: planejando o jogo

Em *A des-educação do negro*, Carter compartilha uma série de informações valiosas sobre a natureza da comunicação, da política, da história e da educação, e este livro não dará conta de todas elas. O mais urgente, para nossos propósitos, são suas ideias sobre a filosofia política da linguagem, pois elas nos ajudam a chegar muito perto de entender a captura pela elite. E são ainda mais reveladoras quando apresentadas em diálogo com outra área da filosofia que também pensa nossas interações em ambientes estruturados: a filosofia dos jogos.

Em *Games: Agency as Art,* o filósofo C. Thi Nguyen explica as principais diferenças entre *mundos de jogos* e *mundos reais*, e o que podemos aprender sobre estes a partir daqueles.[26] Jogos têm riscos menores: se meu personagem "morrer", se eu ficar para trás na corrida de Mario Kart, posso simplesmente desligar o videogame e começar de novo. Eles também apresentam um ambiente de tomada de decisão artificialmente claro; ali eu sei exatamente quais devem ser meus objetivos e como me relacionar com os outros. Digamos, por exemplo, que estou jogando basquete. Se os outros estão vestindo a mesma camisa que eu, eu os ajudo a marcar pontos; se estão vestindo a outra camisa, tento detê-los. Os baixos riscos dos jogos nos permitem mergulhar em um mundo de faz de conta, onde tudo o que fazemos tem uma relação clara e instrumental com nosso sucesso.

Essa relação clara e instrumental é uma das maneiras importantes pelas quais os jogos falham em capturar as complicações e precariedades da vida cotidiana — e, sem dúvida, é parte do motivo por que eles permitem ótimas fugas. Nossas interações com filhos pequenos, irmãos adultos e pais idosos geralmente estão repletas de riscos práticos, psíquicos e morais complicados. Por trás de nossas interações cotidianas com chefes e colegas de trabalho está a ameaça do fracasso e até mesmo do desemprego (especialmente assustadora nos Estados Unidos, onde acarreta riscos adicionais de falta de moradia e assistência médica). Esses altos riscos talvez fossem mais fáceis de gerenciar se estivesse um pouco mais claro como jogar com eles — se houvesse um livro definitivo para pais ou um "Como neutralizar seu chefe abusivo com um truque estranho". Em vez disso, precisamos balancear nossas próprias metas e necessidades com suposições que fazemos sobre as metas e necessidades dos outros, muitas vezes de forma precipitada e, geralmente, com pouco retorno sobre o quanto nos saímos bem ao longo do caminho — exceto quando as consequências de nossos erros falam por si mesmas.

A nitidez artificial dos mundos dos jogos é parte importante do que os torna divertidos. Os designers de jogos criam ambientes que oferecem aos jogadores motivos bem claros para realizar ações específicas e a satisfação de saber que cada ação contribui para o sucesso ou o fracasso. Embora a nitidez e a simplicidade dos jogos os diferenciem de nossas experiências de não jogo, a sensação de que cada passo é crucial para nossa estratégia geral de sobrevivência não é tão diferente do que ocorre na vida real. Como vimos no caso do padeiro e do fabricante de castiçais, as estruturas de poder, assim como os ambientes fictícios, dão às pessoas motivos para *jogarem o jogo.*

A possível sobreposição entre esse aspecto de muitos jogos e os recursos de ambientes sociais reais está no centro de um processo do mundo real que Nguyen descreve como "captura de valor". Trata-se de um processo em que começamos com valores complexos e sutis, encontramos versões simplificadas deles na natureza social e revisamos nossos valores na direção da simplicidade — tornando-os inadequados. Esse tipo de processo é sempre um resultado possível da interação social, mas as distorções de nossos valores são mais nítidas em sistemas e ambientes sociais em que a simplicidade está embutida nas estruturas de recompensa e punição.

O capitalismo em si é um desses sistemas: ele recompensa a busca incansável e obstinada por lucro e crescimento — sistemas de valor extremamente restritos que excluem muito do que torna a vida digna de ser vivida. Mas sociedades organizadas em torno de fundamentalismos (sejam religiosos ou seculares) e guerras resultaram em sistemas de valor igualmente distorcidos muito antes de o capitalismo entrar em cena.

Na vida real, o processo de captura de valor às vezes é deliberadamente gerenciado pelas elites para manipular e controlar outras pessoas com táticas semelhantes ao design de jogos. Plataformas da economia "informal", de serviços como Uber e Lyft, usam "prêmios" e sistemas de avaliação para gerenciar o ambiente de tomada de decisões de seus motoristas parceiros.[27] Mesmo fora do trabalho, recursos de redes sociais, como curtidas, compartilhamentos e retuítes, funcionam como a pontuação nos jogos. Com o tempo essas métricas simples ameaçam distorcer ou tomar o lugar de valores (por exemplo o desejo de contribuir significativamente para uma discussão ou de se orgulhar da qualidade do próprio trabalho) que, de outra forma, poderiam ter influenciado nosso comportamento nessas plataformas.

O que une essas diferentes histórias é a natureza do próprio processo de captura de valor. O funcionário que quer fazer um bom trabalho pode começar com motivações complexas — por exemplo, trabalhar duro enquanto se mantém a salvo e com suficiente energia física e emocional para si e seus entes queridos. Sob pressão do ambiente inspirado em jogos criado por seu chefe, no entanto, o trabalhador deve se concentrar em ganhar os pontos que comunicam sucesso a esse chefe, o que em última instância substitui a estrutura de valor inicial desse trabalhador, ao custo do que antes ele protegia. Por exemplo, a Disney e a Amazon usam o obsessivo "monitoramento de produtividade dos trabalhadores em tempo real" para induzi-los a competir em um sistema de classificação baseado na velocidade ou no volume de produção.[28] A produtividade e os lucros aumentam, assim como a fadiga, o estresse e o número de lesões dos trabalhadores, minando sua visão original de "bom emprego".

Talvez os trabalhadores acreditem no sistema de classificação e internalizem os valores aos quais imaginam que ele responde — pontualidade, resistência, atenção aos detalhes. Talvez eles olhem e julguem a si mesmos e aos outros pelas métricas do jogo. Ou talvez vejam a bunda do rei com bastante clareza, mas mudem seu comportamento mesmo assim porque seus meios de subsistência dependem disso. De qualquer forma, o resultado é uma história tão antiga quanto o tempo: o chefe ganha e o trabalhador perde.

É claro que as forças do capital encontraram usos para o pensamento de jogo. Mas, como Nguyen tem o cuidado de apontar, o uso deliberado de estratégias de design de jogos por uma conspiração sombria que quer controlar as pessoas é a exceção e não a regra da captura de valor.[29] A intervenção deliberada ou calculada não é um pré-requisito para a captura de valor; em vez disso, ela requer apenas um ambiente ou uma estrutura de incentivos que estimule clareza excessiva do valor.

Por exemplo, podemos nos imaginar participando de conversas bem-intencionadas em uma nova plataforma de mídia social sobre um problema social específico. Essa plataforma é estruturada, é claro, por designers empregados pelos proprietários da empresa, responsáveis por criar e gerenciar algoritmos que direcionam o tráfego de postagens e incentivam o engajamento do usuário. À medida que falamos nesta plataforma, seus recursos começam a afetar nosso comportamento: posicionamentos mais simples atraem comentários e compartilhamentos, afetando o que as pessoas dizem na plataforma. Os proprietários de empresas de tecnologia recebem a maior parte da receita gerada pelo tráfego de usuários — impulsionado por nossas conversas —, e um pequeno número de usuários do site recebe a maior parte da atenção direcionada pela atividade na plataforma. Surge uma elite.

Seria um erro, no entanto, entender tudo o que acontece na plataforma como um processo orquestrado pelas elites: é o *resultado* disso, como a distribuição desigual de lucro e da própria atenção. As elites *de fato* muitas vezes pioram o ambiente e impedem soluções, mas culpar inteiramente seus sucessos e fracassos morais pelo problema da captura pela elite é confundir efeito com causa. O verdadeiro problema está, em primeiro lugar, no sistema em si, no ambiente construído e nas regras de interação que produziram as elites.

Nos jogos, existem limites claros de poder entre designers e jogadores. Os designers têm um amplo escopo de escolha, e as escolhas que eles fazem se tornam características fixas do jogo para os jogadores. Estes entram no ambiente e vivenciam as regras de interação e os incentivos básicos estabelecidos pelos designers, sem nenhum poder de decisão sobre eles.

Esse ambiente não é tão diferente do mundo real quanto parece. Como Carter G. Woodson percebeu, muitas de nossas decisões são moldadas por decisões que alguém com mais poder tomou antes de nós. Toda a estrutura social afeta o funcionamento dos sistemas institucionais, como as escolas. Por sua vez, esses sistemas institucionais exercem poder sobre as interações que ocorrem dentro deles — conversas, palestras, relacionamentos.

Um ambiente de jogo responde à maioria dos jogadores de forma semelhante: eles encontram as mesmas regras, os mesmos custos e os mesmos incentivos. Já o ambiente social responde de forma diferente a pessoas diferentes, como nos lembra David Lewis em sua fala sobre senhor e escravo. O artigo em que Lewis cita essa conversa, chamado "Pontuação em linguagem de jogos", trata da forma como as regras básicas se combinam com nossas decisões anteriores para nos dizer qual ação faz sentido em um momento específico. Lewis usa o beisebol como exemplo para mostrar de que forma isso é claro em um contexto de jogo: se o rebatedor consegue caminhar até a primeira base, isso tem a ver com as regras do esporte (incluindo quantas bolas um arremessador pode jogar antes de um rebatedor receber o passe) e como as coisas aconteceram até o momento (quantas bolas esse arremessador lançou nessa rodada específica).[30] Mas o exemplo anterior do senhor inventando regras improvisadas para o escravo descreve com mais precisão muitas interações sociais. Afinal, a vida não é tão justa quanto o beisebol.

Como vimos no capítulo 1, pessoas e instituições suficientemente poderosas podem mudar, reconstruir e ignorar as regras do jogo à vontade. Embora isso funcione de maneiras diferentes em diferentes tipos de interações e em diferentes partes da sociedade, vamos iniciar por onde a maioria de nós espera começar o dia: em uma casa. Sob o capitalismo, um ambiente em que a moradia é mercantilizada, poder escolher ter um local para morar depende muito das regras e ações regulamentadoras de um pequeno grupo de elites: proprietários individuais, proprietários corporativos, a polícia e as agências de dados que transportam informações entre esses grupos.[31] As elites capturaram os meios de manter os imóveis e definem as regras segundo as quais o resto de nós é bem-sucedido ou falha em conseguir abrigo.

E o resto do seu dia? Se você participa de qualquer tipo de atividade econômica, então você está envolvido de alguma forma com os processos produtivos. E assim encontramos uma conhecida história de captura pela elite que segue aí: os capitalistas capturaram os meios de produção. Essa é uma ideia familiar, mas é importante notar como, ao fazer isso, eles também capturaram com eficácia grandes porções da experiência humana.

O controle social mantido pelos capitalistas no processo de produção exige tanto da vida e da experiência de um trabalhador quanto os empregadores podem administrar. Os empregadores, e não os governos, servem como árbitros funcionais dos direitos dos trabalhadores à liberdade de associação e à liberdade de expressão durante a maior parte do dia.[32] O conceito bem elaborado de "trabalho emocional" da socióloga Arlie Hochschild foi originalmente um comentário sobre o controle dos chefes sobre a expressão emocional dos trabalhadores.[33] E, é claro, as elites estruturam conforme suas próprias regras o acesso dos trabalhadores aos produtos que eles passam tanto tempo produzindo; trabalhar na área da saúde não garante que você possa pagar por assistência médica.

As estruturas políticas formais também são casos famosos de captura pela elite. De forma lamentavelmente literal, as leis são cada vez mais elaboradas pelos poderosos: nos Estados Unidos, grupos que representam os interesses de corporações multibilionárias, como o Conselho Legislativo Americano de Troca, escrevem projetos de leis que protegem esses interesses, por exemplo os que criminalizam protestos contra infraestruturas de petróleo e gás sob o pretexto de zelar pela "segurança nacional".[34]

Portanto, tribunais reguladores governamentais e, supostamente capacitados para controlar os excessos dos capitalistas, muitas vezes acabam integrados em seus planos de obtenção de lucros — um processo que os economistas chamaram de "captura regulatória".[35]

A captura regulatória tem consequências terríveis. Na Nigéria, por exemplo, o poder relativo da regulamentação versus o lucro é tão baixo que as companhias petrolíferas se isentaram de multas regulatórias ou simplesmente as incluíram em seus planos de negócios. Em 1993 a luta de grande visibilidade do povo ogoni para responsabilizar a Shell chamou a atenção internacional para a crise ecológica no delta do rio Níger, causada pelas práticas da empresa.[36] Apesar disso, o comportamento da Shell permaneceu inalterado; a rigor, os pesquisadores Enegide Chinedu e Chukwuma Kelechukwu Chukwuemeka descobriram que as ocorrências de derramamento de óleo *aumentaram* nos anos após a disputa.[37]

As mídias (um campo dominado por conglomerados em que publicidade, relações públicas e marketing se misturam com funções cívicas, sociais, artísticas e educacionais) são organizadas em torno de atenção e engajamento. Embora "em última análise" elas sejam frequentemente conversíveis em capital, muitas pessoas acham que a mídia cria um refúgio onde podemos escapar de algumas das restrições que definem nossa vida profissional e nossas experiências políticas.[38] Mas, assim como acontece com a economia material, aqueles que estão no topo da economia da atenção exercem a maior influência no modo como os recursos cruciais de atenção e engajamento são distribuídos.

As decisões das elites influentes (incluindo os "influenciadores" digitais) sobre onde investir tempo ou capital têm efeitos sociais gigantescos que aparecem como características fixas das interações das outras pessoas. Suas postagens atraem engajamento e atenção, estruturando os assuntos que estão em alta, dizendo quem é o "personagem principal" do dia no Twitter e, portanto, escolhendo quais tópicos estão na pauta das discussões. Quando o resto de nós escolhe ao que quer assistir ou responder, ou o que quer ler, estamos principalmente fazendo escolhas em um ambiente moldado pelas elites.

Tudo isso parece familiar? De fato, deveria, depois deste capítulo. A genialidade de Carter G. Woodson foi ver e articular esse padrão de captura pela elite em uma história que começou muito antes do Twitter. Woodson disse claramente:

"A chamada educação moderna, com todos os seus defeitos, traz muito mais benefícios a outros do que ao negro, pois foi elaborada em conformidade com as necessidades daqueles que escravizaram e oprimiram povos mais fracos".[39] Woodson estava analisando como as regras de interação social estabelecidas por aqueles que desempenhavam o papel de "senhor" na sociedade afetavam a arquitetura básica da educação, inclusive o terreno comum das conversas nas salas de aula.

Isso vai além de uma conversa. Territórios inteiros da vida social foram conquistados por aqueles que estão no topo, e essa captura está embutida nas regras de engajamento que resultam da propriedade colonial. A acumulação de capital é altamente semelhante a um jogo na clareza de sua estrutura de incentivos, e os jogadores da elite vêm transformando o mundo há vários séculos para que cada vez mais aspectos dele se tornem compatíveis com as regras do capitalismo. Com isso, a maioria das pessoas acaba jogando o jogo forçosamente, porque o mundo tal como o vivemos no nível das interações individuais é um ambiente repleto de potenciais escolhas, penalidades e recompensas que fazem sentido em termos capitalistas.

Seja um gerente humano ou um algoritmo de avaliação de motoristas da Uber dizendo ao trabalhador que ele deve sorrir para o cliente, sorrir se torna uma ação que agora faz sentido para eles, porque jogar o jogo é a estratégia mais segura para alcançar seu objetivo — um salário.

Se um fiscal do setor de petróleo aceita um suborno para fazer vista grossa ou constrói cuidadosamente um esquema de multas e taxas que sabe que está fadado ao fracasso, ele também está jogando o jogo.

Se um estudante omite sua própria história num artigo porque acredita no professor que disse que os negros não têm uma história importante, ou porque simplesmente observa que os alunos bem-sucedidos sempre escolhem tópicos da história branca, ou porque não consegue encontrar nenhum livro sobre a história negra, ele também está jogando para vencer a curto prazo, seguindo as regras estabelecidas por outra pessoa.

O objetivo do jogo pode ser visceral e irredutivelmente pessoal para cada jogador — autoestima, segurança ou a própria vida —, mas as regras e o contexto que determinam quais ações fazem sentido foram criados por outros, por pessoas que se beneficiam do resultado desses sistemas manipulados.

O chamado terreno comum foi capturado da mesma forma que as infraestruturas reguladoras do petróleo. Afinal, é apenas "informação pública": coisas que tratamos juntos como verdadeiras.

Usamos informações públicas para várias coisas — para nos comunicar, sim, mas também para todo o resto que fazemos juntos.[40] Como explicam as filósofas Kristie Dotson e Saray Ayala, é uma estrutura não tanto de *crenças*, mas de "recursos epistêmicos comuns" e "possibilidades": aspectos incorporados ao ambiente social que podemos usar para agir juntos.[41] Agimos como se as informações no terreno comum fossem verdadeiras pela mesma razão por que andamos nas calçadas — é mais fácil, e é para isso que elas existem.

Assim entendido, um terreno comum é apenas o aspecto informativo do ambiente social que construímos e reconstruímos com palavras e ações. E, quando desafiamos com sucesso o terreno comum, estamos mudando o próprio ambiente social.[42]

3. Estar na sala

Ao aceitarem ser conduzidos como rebanhos, os trabalhadores europeus estavam perpetuando sua própria condição de escravizados pelos capitalistas [...]. Deixaram de exercer qualquer julgamento independente sobre grandes questões como guerra e paz e, portanto, acabaram por massacrar não apenas os povos colonizados, mas também a si mesmos.

Walter Rodney, *Como a Europa subdesenvolveu a África*[1]

É fora de dúvida que a subestimação dos valores culturais dos povos africanos, baseada nos sentimentos raciais e na intenção de perpetuar a sua exploração pelo estrangeiro, fez muito mal à África. Mas, face à necessidade vital do progresso, os seguintes fatos ou comportamentos não são menos prejudiciais: os elogios não seletivos; a exaltação sistemática das virtudes sem condenar os defeitos; a cega aceitação dos valores da cultura sem considerar o que ela tem ou pode ter de negativo, de reacionário ou de regressivo; a confusão entre o que é a expressão de uma realidade histórica objetiva e material e o que parece ser uma criação do espírito ou o resultado de uma natureza específica.

Amílcar Cabral, "Libertação nacional e cultura"[2]

O último capítulo pode ter sido frustrante: toda essa conversa sobre estrutura social, mas e as nossas escolhas? Não importa como eu decido jogar os jogos que a vida me apresenta? Eu não sou livre para respeitar as pessoas ao meu redor — mesmo que a sociedade diga que eu não deveria —, e não sou eu o culpado por falhar nessa tarefa, mesmo que a sociedade tenha encorajado essas falhas? Como as elites podem ter capturado *tudo*? E, se capturaram, o que nos resta? Como podemos ter alguma chance de vencer em um mundo tão completamente manipulado e comprado?

Sim, algumas formas de resistência a um jogo manipulado levam a becos sem saída. Ou elas são antevistas por quem desenha o jogo, ou a oposição ao mecanismo leva apenas a melhorias marginais, ou a resistência torna as coisas ainda piores.

Nós *podemos* fazer mais do que resistir. Nós podemos fazer algo muito melhor. Mas, antes de podermos ter uma discussão significativa sobre essas táticas, é realmente crucial atentar para em qual sala a discussão está acontecendo.

E neste exato momento? Como você e eu chegamos até aqui, interagindo por meio desta página?

Afinal, eu poderia, como muitas outras pessoas no mundo, ter simplesmente lido e pensado sozinho sobre todos esses problemas. Eu poderia até falar com meus amigos e colegas sobre eles. Mas isso não me daria o poder de falar com *você*.

De acordo com as regras do capitalismo racial, pouquíssimos dos milhares ou milhões de pessoas no mundo que têm algum tipo de percepção da captura pela elite conseguem entrar em uma sala onde você, meu leitor, está disponível e aberto a ouvir o que elas pensam. Talvez este livro e os pensamentos que ele contém estejam na mesma sala que você apenas por causa dessas regras. Mas talvez estejam aqui com você apesar delas. Talvez as regras não nos restrinjam tanto quanto eu sugeri.

A ativista e revolucionária Lilica Boal entendeu a diferença entre as regras que nos dizem quem devemos ser e as escolhas que realmente podemos fazer quando agimos. Afinal, ela era o tipo de pessoa que às vezes fugia do roteiro, e que adentrou salas nas quais supostamente não deveria estar.

Em junho de 1961, a jovem estudante cabo-verdiana estava num lugar onde ela definitivamente não deveria estar: uma prisão espanhola.

Lilica devia ter sido mais sagaz. Ela nasceu em 1934 na cidade de Tarrafal, na ilha cabo-verdiana de Santiago, dois anos antes de o Império português construir a Colônia Penal do Tarrafal, que abrigou antifascistas dissidentes do regime ditatorial português. Sua família vivia relativamente bem em comparação com outros cabo-verdianos, em especial aos cabo-verdianos negros: além de terem propriedades, os pais de Lilica eram comerciantes — e a colônia penal era um de seus clientes.

Esse status de classe média não era particularmente fácil de alcançar. Durante séculos, as autoridades coloniais portuguesas conspiraram com grandes proprietários de terras para evitar que os habitantes de Cabo Verde, uma ilha, possuíssem qualquer embarcação, alijando assim a população de segurança alimentar e das oportunidades econômicas oferecidas pelos consideráveis recursos marinhos no arquipélago. Essa gestão estava intimamente ligada ao uso centenário das ilhas pelo Império como ponto de parada no comércio transatlântico de escravos, e também ao uso persistente dessas ilhas como área de contenção de criminosos exilados, deportados políticos e soldados amotinados. Para o Império português, Cabo Verde era, em essência, um gulag.[3]

Lilica se recordaria de ver caminhões cheios de prisioneiros chegarem à prisão, com painéis instalados para impedir que de fora se visse quem estava ali dentro. Não se falava nisso, mas todos sabiam: era um constante lembrete do preço de desafiar o Império.[4]

Outro episódio da infância de Lilica assombraria sua memória: os devastadores períodos de fome da década de 1940, que ceifaram mais de 45 mil vidas.[5] Eles foram os mais recentes em uma sucessão de episódios de escassez, recorrentes em Cabo Verde ao longo dos séculos. Esses períodos de falta extrema de alimentos costumavam ser atribuídos às secas, mas a história verdadeira é mais complexa e envolve fatores totalmente causados pela ação humana. A baixa produção de alimentos na região era resultado do esgotamento do solo e da erosão causados por séculos de práticas não sustentáveis de cultivo e criação de rebanhos nas plantations da ilha.[6] Além da subjugação total, a vulnerabilidade dos cabo-verdianos aos problemas nas plantações foi bastante exacerbada pelo veto colonial à posse de embarcações, que poderiam ter sido usadas para complementar os cultivos com frutos do mar.[7]

Durante séculos, essa vulnerabilidade à fome, causada pela ação humana, se entrelaçou profundamente à hierarquia racial da ilha. No topo da hierarquia estavam os poucos superbrancos nascidos na ilha (normalmente o governador, os chefes militares e o alto clero). Logo abaixo deles estavam os chamados brancos da terra, liderados pela velha família branca do morgado, a quem foram concedidas propriedades pela coroa portuguesa. Esses proprietários rurais representavam menos de cinco por cento da população das ilhas, mas possuíam e controlavam praticamente todas as terras aráveis.

Abaixo deles estavam os pardos, mestiços que eram às vezes escravizados, mas muitas vezes livres, a quem eram permitidos alguns privilégios dos brancos, como usar roupas europeias. Abaixo estavam os pretos. Pretos escravizados eram frequentemente forçados a trabalhar seis dias por semana, deixando apenas um para a produção de sua própria comida; pretos livres eram forçados a acordos de uso das terras com partilha da colheita, o que não era muito diferente da escravidão. Mesmo após a abolição da escravidão, em 1864, que derrubou uma base jurídica crucial para a estrutura dessa sociedade, as mortes por fome continuaram ligadas à situação social construída por essa hierarquia: brancos e pardos tinham mais chances de ter árvores frutíferas e jardins ou objetos de valor que eles poderiam vender para conseguir comida quando a crise chegasse — e de tempos em tempos ela chegava.[8]

Se tivessem recebido ajuda alimentar do exterior, os cabo-verdianos talvez tivessem sobrevivido mesmo a esses dois problemas, mas na década de 1940 o Império português tinha entrado no que o historiador Alexander Keese chama de "dinâmica de exploração máxima das populações coloniais". Essa abordagem, que à indiferença ao sofrimento colonial somou falta de investimento em infraestrutura básica e incapacidade administrativa, praticamente tornou inevitável que ainda houvesse muito sofrimento no país.[9] Lilica relembraria uma ocasião em que a administração colonial portuguesa respondeu a um pedido de ajuda do governante de Cabo Verde. Eles prontamente enviaram dinheiro para as ilhas — para expandir o cemitério do Tarrafal.[10]

Lilica se lembraria de muito mais: dos corpos, nas ruas, de quem havia morrido de fome, das paneladas de comida que sua família fazia para alimentar as pessoas ao redor. Mas ela também se lembraria do distanciamento que ela e as famílias dos guardas prisionais sentiam com relação à luta que os cercava.[11] Isso mudou quando a família de Lilica recebeu a visita de uma família portuguesa branca.

Luís Alves de Carvalho e d. Herculana estavam tão deslocados no Tarrafal quanto Lilica Boal viria a estar em Portugal. A família era do Porto, onde Luís trabalhava como corretor de ações. O que os levava à pequena cidade de Tarrafal não eram oportunidades de negócio, mas a prisão: lá estava seu filho, o adolescente antifascista Guilherme da Costa Carvalho.[12]

No Tarrafal não havia hotel nem restaurante, mas um parceiro de negócios falou a Luís sobre a família de Lilica, que aceitou recebê-los em casa. O casal português aproveitou essa possibilidade para visitar o filho e seus camaradas antifascistas.

Algum tempo depois que Luís e Herculana haviam voltado para Portugal, Lilica teve a rara oportunidade de ir estudar na metrópole. Lá, eles se tornaram sua segunda família, e, quando Guilherme foi transferido do Tarrafal para uma prisão em Portugal, ela ia até Peniche para visitá-lo.[13]

Em parte por meio dessas visitas, Lilica começou a conhecer mais e mais pessoas de esquerda no país. Além dos prisioneiros antifascistas que conheceu ou dos quais ouviu falar nas visitas a Guilherme, ela também foi apresentada pelo casal a alguns membros do Partido Comunista Português, como Virgínia Moura e Maria Cal Brandão, e aos parentes de presos políticos que eram convidados às reuniões da família.[14] Mais tarde, Lilica conheceu e se casou com Manuel Boal, um estudante de medicina de Angola, e sua primeira filha, Sara, nasceu logo depois.

Talvez a mais importante dessas reuniões tenha ocorrido em 1960, quando Lilica se mudou para Lisboa para passar um tempo na Casa dos Estudantes do Império (CEI). Lá, estudantes de Angola, Moçambique, São Tomé e Guiné-Bissau — colônias africanas de Portugal — que estavam em Lisboa se reuniam para discutir a situação desses vários países e decidir como poderiam contribuir. Eles decidiram que, independentemente do que fossem fazer, não seria em Lisboa. Então eles resolveram sair clandestinamente de Portugal e voltar para seus respectivos países de origem — a "fuga rumo à luta". Essa foi uma decisão particularmente difícil para Lilica e Manuel, cuja filha tinha apenas dezessete meses, mas o casal decidiu enviar Sara para a mãe de Lilica no Tarrafal e se juntar ao grupo.

Lilica e Manuel puseram tudo o que coube em uma mala de cinco quilos e foram embora com outros estudantes que haviam conhecido na CEI. Eles chegaram à fronteira com a Espanha, pagaram para entrar em um pequeno barco de contrabando, mas foram pegos e passaram dois dias em uma prisão espanhola. A polícia portuguesa pediu aos parceiros espanhóis que entregassem os dois às autoridades portuguesas, mas o Conselho Ecumênico das Igrejas pressionou as autoridades espanholas para que os deixassem seguir em direção à França. Depois o casal e seus camaradas conseguiram chegar à Alemanha, onde pegaram um avião para Gana enviado pelo presidente do país, Kwame Nkrumah.[15]

Lilica se lembra de ter sido "bem recebida", mas também de haver muito ceticismo em relação aos recém-chegados "jovens estudantes burgueses". De acordo com Lilica, o próprio Nkrumah uma vez perguntou ao líder político cabo-verdiano Amílcar Cabral: "Tu acreditas que esse grupo vai participar na luta?". Mas eles participaram. Lilica teve um papel importante na luta revolucionária de Cabo Verde e da Guiné-Bissau contra o Império português e também nos subsequentes projetos de construção das nações, ajudando os dois países a planejar sua estratégia militar e a desenvolver abordagens educacionais e de relações internacionais baseadas na solidariedade.[16]

Política de deferência

A história de Cabo Verde e da Guiné-Bissau e as profundas divisões raciais, religiosas, de gênero, de classe e outras que mantêm a separação entre a população nesses países tornam difícil entender como foi que ali houve uma luta revolucionária, ainda mais uma luta revolucionária que foi bem-sucedida. As regras de interação social pareciam excluir qualquer tipo de solidariedade viável e, de fato, se Lilica tivesse seguido o script social, é difícil imaginar como ela poderia acabar em algo como o Partido Africano da Independência da Guiné e Cabo Verde (PAIGC) — especialmente em um papel tão importante.

Mas o ponto do capítulo anterior não era dizer que somos impotentes diante da história e da estrutura social — era esclarecer quanto do jogo já foi jogado no momento em que a sociedade passa o controle para nossas mãos. No entanto, nós podemos ter e de fato temos poder e responsabilidade significativos, mesmo dentro da mecânica de um jogo que é tão intensamente manipulado.

Uma maneira de responder a esse jogo manipulado é pôr o foco no lugar onde já estamos. A história construiu as salas ao nosso redor, e nós estamos em espaços com pessoas, recursos e incentivos que não escolhemos.

As primeiras regras que aprendemos a respeitar são as que se aplicam à sala em que estamos. Os poderes existentes decidiram essas regras, dizendo inclusive onde estão os recursos e a quem é concedido ter acesso a eles. Como vimos no capítulo anterior, eles até definem as regras de como o ambiente responde às nossas ações, e com frequência o ambiente é hostil. Mas eles não controlam realmente, diretamente, quais são as nossas ações. Então aqui há uma oportunidade, de certa forma.

Quando falamos de nossas interações interpessoais dentro das salas de nossas vidas cotidianas, podemos agir com base em regras com as quais concordamos ativamente — danem-se as regras do rei. Talvez não sejamos capazes de controlar a forma como a sala reage à nossa fala, mas nós *podemos* falar. Também podemos escolher não falar, convidar outra pessoa da sala para falar, ou seguir a liderança dos outros.

Esses são os tipos de oportunidades aproveitadas pela política da deferência, que considera que é um passo em direção à justiça modificar interações interpessoais conforme o que se percebe como desejos dos marginalizados. Embora a perspectiva da deferência não seja totalmente equivocada, ela pode ser limitante e enganosa. Nesse jogo, evitar movimentos que intensificam a captura pela elite e outros aspectos opressivos de nossa estrutura social é muito mais difícil do que imaginamos — mesmo quando usamos estratégias que identificam corretamente a distribuição de poder na sala em que estamos.

Afinal, algumas salas têm poder e influência descomunais: a Sala de Crise da Casa Branca, a sala da redação, a mesa de negociação, a sala de conferências. Estar em uma *dessas* salas significa que nossas palavras e ações afetam instituições e dinâmicas sociais mais amplas fora delas. Estar em uma dessas salas é por si só uma espécie de vantagem social, muitas vezes obtida por meio de alguma vantagem social anterior.

Um excelente exemplo de política de deferência é o chamado a "ouvir os mais afetados" ou a "pôr os mais marginalizados no centro", agora onipresente em muitos círculos de acadêmicos e ativistas. Esses chamados nunca me desceram bem. Na minha experiência como acadêmico e organizador de movimentos, quando as pessoas disseram que precisavam "ouvir os mais afetados", geralmente não era porque elas pretendiam fazer chamadas por Skype para campos de refugiados ou colaborar com pessoas sem-teto. Agir de acordo com essa concepção de "centralizar os mais marginalizados" exigiria uma abordagem completamente diferente, num mundo onde 1,6 bilhão de pessoas vive em condições inadequadas de habitação (favelas) e 100 milhões estão desalojadas, um terço da população humana não tem garantia de acesso a água potável e as interseções das inseguranças alimentar, energética e hídrica com a crise climática já forçaram o deslocamento de 8,5 milhões de pessoas somente no Sul da Ásia, enquanto ameaçam deslocar outras dezenas de milhões.[17] Essa postura exigiria, no mínimo, que saíssemos da sala.

Em vez disso, "pôr os mais marginalizados no centro", em minha experiência, geralmente tem significado entregar autoridade conversacional e atenção para quem já está na sala e aparece para se enquadrar em uma categoria social associada a alguma forma de opressão — independentemente do que essas pessoas tenham ou não realmente vivido e do que realmente saibam ou não sobre o assunto em debate. Mesmo em salas onde há muito em jogo, onde potenciais pesquisadores discutem como entender um fenômeno social, onde ativistas decidem onde mirar — seguir as regras da deferência muitas vezes tem significado que a discussão deve permanecer dentro da sala, enquanto as pessoas mais afetadas por ela ficam do lado de fora.

Essa política de deferência em particular surgiu de uma orientação teórica chamada epistemologia do ponto de vista, que se tornou popular nos círculos feministas na década de 1970 e continua a contribuir para o pensamento de muitos ativistas e acadêmicos desde então.[18] A epistemologia do ponto de vista compreende três ideias aparentemente inofensivas:

1) o conhecimento é socialmente situado;
2) pessoas marginalizadas têm algumas vantagens em obter certas formas de conhecimento; e
3) programas de pesquisa (e outras áreas da atividade humana) devem refletir esses fatos.

Essas ideias deveriam ser facilmente aceitas. Como Liam Kofi Bright argumenta, qualquer filosofia empirista séria deveria conduzir todos a esses três pontos.[19] Além disso, eles são politicamente importantes: apontam para o valor da experiência vivida e do conhecimento que advém dela. À primeira vista, o compromisso com essas ideias deveria nos ajudar a resistir e a conter a captura pela elite, além de fornecer uma base para respeitarmos o conhecimento que as instituições em todo o mundo querem desacreditar.

Mas o diabo mora nos detalhes. As abordagens comuns para colocar essas ideias abstratas em prática enfatizam a deferência a outras pessoas em contextos conversacionais, em um esforço para corrigir a distribuição da atenção: elas pedem que passemos o microfone para pessoas marginalizadas e acreditemos nelas, e também que façamos alguns sacrifícios.

A motivação é admirável, e essas ações muitas vezes são boas ideias, na medida do possível. Mas, além de envolver atitudes e dinâmicas interpessoais, as opressões — racismo, capacitismo, xenofobia, machismo e assim por diante — também têm consequências *materiais* graves. Essas estruturas de injustiça decidem quem tem acesso permanente a segurança básica, habitação, saúde, água e eletricidade. Todas essas consequências da intolerância, do âmbito da atitude ao âmbito material, têm que ser enfrentadas se quisermos lidar com as opressões.

A política de deferência se concentra nas consequências que têm mais probabilidade de aparecer nas salas onde a maior parte das interações da elite acontece: salas de aula, salas de reuniões e partidos políticos. Como resultado, parece que acabamos com muito mais conselhos práticos, e mais específicos, sobre como alocar tarefas em uma reunião de comitê, por exemplo, do que para manter pessoas vivas.

A deferência como orientação política padrão pode funcionar contra os interesses dos grupos marginalizados. Estamos cercados por um discurso que localiza a injustiça atencional na seleção de porta-vozes e listas de livros para representar os marginalizados, em vez de focar nas atitudes das corporações e nos algoritmos que distribuem atenção de forma muito mais contundente. Em última análise, esse discurso é parte do processo que transforma a atenção em combustível para a marginalização. Ele direciona qualquer pequeno poder de atenção que possamos controlar para os locais simbólicos de poder, e não para as questões políticas de base que explicam por que tudo está tão fodido.

Uma viagem pela memória fornece um exemplo poderoso das possibilidades e limitações da abordagem deferencial. Em 2007, Barack Obama estava em plena campanha para a presidência dos Estados Unidos. Tinha acabado de perder duas das três primárias iniciais para Hillary Clinton. Num discurso para um pequeno grupo de pessoas em Greenwood, na Carolina do Sul, ele aparentava estar exausto e desanimado. De repente, uma espectadora, chamada Edith S. Childs, puxou palavras de encorajamento: "Força total! Pronto pra decolar!". As pessoas ao redor dela repetiam em coro e a energia do grupo só crescia. Depois que um recém-energizado Barack Obama derrotou Clinton nas primárias da Carolina do Sul, aquelas palavras se tornaram um grito de guerra da campanha que levou o jovem novato à Casa Branca.[20]

Dois anos depois, o presidente Barack Obama voltou à rota dos discursos — desta vez em Minneapolis, no Minnesota, em defesa de sua luta para expandir o acesso à saúde. O presidente explicou que "sempre acreditou que a mudança não vem de cima para baixo; vem de baixo para cima [...]. Tudo começa com você compartilhando suas histórias, lutando por algo melhor".[21] Mas o que significaria uma mudança "de baixo para cima" neste contexto? O presidente foi notavelmente explícito: "[Isso] mostra como uma voz pode mudar uma sala. E se muda uma sala, pode mudar uma cidade. E se pode mudar uma cidade, pode mudar um estado. E se pode mudar um estado, pode mudar uma nação. Se muda uma nação, pode mudar o mundo". Em outras palavras, o presidente apresentou um modelo de mudança que flui através de canais e hierarquias aprovados no topo dos quais, em última análise, ele estava.

Nós tendemos a ficar atentos a esse tipo de uso cínico do pensamento "de baixo para cima" das elites quando lidamos com políticos e política eleitoral formal. Mas, como a cientista política Jo Freeman argumentou, nossas próprias salas não estão livres desse fenômeno.[22] De acordo com ela, qualquer grupo de pessoas interagindo entre si se estruturará de uma forma ou de outra, consciente ou inconscientemente, deixando em aberto apenas a questão de como essa estrutura resultante distribuirá recursos, responsabilidades, atenção e poder.

As elites de grupos marginalizados podem se beneficiar da deferência de maneiras que são pelo menos compatíveis com o progresso social, em especial se tomarmos as medidas corretas depois. Mas tratar os interesses dessas elites como necessariamente ou mesmo presumivelmente alinhados com os interesses mais amplos do grupo é de uma ingenuidade política que não podemos admitir. Nesse contexto, a confusão com relação aos interesses da elite funciona como um tipo de economia racial à la Reagan: uma estratégia baseada em fantasias sobre a taxa de câmbio entre a economia da atenção e a economia material.

Precisamos consertar a estrutura social em si — as salas em que interagimos e a casa que elas compõem —, mas a deferência como estratégia, na melhor das hipóteses, tem uma relação frágil com esse objetivo.

A vista de dentro da sala

Para dizer o que há de errado com a popular aplicação da epistemologia do ponto de vista combinada com a deferência, precisamos entender o que a torna tão comum. Primeiro, uma resposta cínica: a deferência a figuras de comunidades oprimidas é uma performance que serve para suavizar, desculpar ou simplesmente distrair do fato de que o deferente tem privilégios "de dentro da sala" o bastante para "levantar" uma perspectiva e causar impacto — ter um reflexo positivo sobre *si mesmo*.

Em seu influente ensaio "The Tyranny of Structurelessness" [A tirania das organizações sem estrutura"], Freeman observa que a "falta de estrutura" no movimento de libertação das mulheres não resolveu o problema da distribuição desigual e injusta de poder; em vez disso, gerou uma máscara atrás da qual redes informais de elites bem posicionadas podiam esconder sua influência desproporcional sobre a cultura e as atividades do grupo.[23]

Diferentemente da ausência de estrutura, a política de deferência não mascara suas consequências distributivas. A performance visível de um ato deferencial de "passar o microfone" ou "recuar" para dar atenção ou espaço para outra pessoa tende a redistribuir a atenção de curto prazo, conforme prometido. Mas a política de deferência pode ainda mascarar relações de poder essenciais, especialmente quando consideramos essa performance no contexto das pessoas que não têm nenhum lugar na sala. Por exemplo, uma pessoa branca passar o microfone para uma pessoa não branca específica na sala pode obscurecer tanto a dinâmica geral de poder na sala quanto a relação de toda a sala com a categoria mais ampla de "pessoas racializadas" da qual um camarada em particular é visto como representante.

É razoável supor que a maioria dos que praticam a epistemologia do ponto de vista de forma deferencial o façam pelas razões certas, e que confiem nas pessoas com quem compartilham a sala para ajudá-las a encontrar a expressão prática adequada de seus compromissos morais conjuntos. De fato, para explicar o fenômeno nós não precisamos atribuir má-fé a todos ou mesmo à maioria dos que praticam a política de deferência.

Maus companheiros de sala não são o problema, pelo mesmo motivo que ser um bom companheiro de sala não é a solução: o problema é que ainda estamos presos na sala. Se quisermos uma política melhor, temos que contestar a forma como essas salas são construídas, o sistema de segurança que controla o acesso a elas e as regras que ditam o que acontece nelas.

Para ilustrar, podemos voltar à questão de como você veio a ler este livro — como se deu que você e eu estejamos interagindo através deste texto, agora mesmo. Para isso, temos que considerar as camadas de história, política e geografia que fizeram a escrita deste livro possível.

Muitos aspectos do nosso sistema social servem como mecanismos de filtro, determinando quais interações acontecem e entre quem e, portanto, quais padrões sociais as pessoas estão em posição de observar. Durante a maior parte do século XX, o sistema de cotas de imigração dos Estados Unidos fez da imigração legal enquanto caminho para a cidadania algo quase exclusivo para europeus (recebendo cumprimentos de Adolf Hitler como o "líder mundial no desenvolvimento de políticas de nacionalidade e imigração explicitamente racistas", nas palavras do acadêmico do direito James Q. Whitman).[24]

Mas a Lei de Imigração e Nacionalidade de 1965 também abriu possibilidades de imigração para outras pessoas, com preferência por "mão de obra qualificada". Minha família migrou da Nigéria para os Estados Unidos sob esses auspícios e se tornou parte da comunidade nigeriano-americana que compõe uma das populações de imigrantes mais bem-sucedidas do país. O que ninguém menciona, é claro, é que os cerca de 112 mil nigeriano-americanos com diplomas de pós-graduação são totalmente ofuscados pelos 82 milhões de nigerianos que vivem com menos de um dólar por dia.

A seletividade da lei de imigração dos Estados Unidos ajuda a explicar as taxas de escolaridade na comunidade diaspórica nigeriana que me criou, o que, por sua vez, ajuda a explicar a riqueza, as vantagens de classe e as expectativas culturais que alimentaram meu próprio desenvolvimento educacional.[25]

As vantagens de classe com as quais cresci ajudam a explicar em quais salas fui educado e socializado durante todo o meu percurso escolar, o que, por sua vez, ajuda a explicar meu ingresso em programas de excelência do ensino médio, enquanto outros de origens mais desfavorecidas eram encaminhados para aulas de recuperação. Isso, por sua vez, ajuda a explicar meu acesso ao ensino superior, que envolveu a aprovação em faculdades nas quais outros foram rejeitados, e assim por diante.

De fato, o sistema educacional é um exemplo incomumente explícito de processo de seleção. Essa é a trajetória que explica por que *meus* pensamentos sobre a captura pela elite foram originalmente aceitos e publicados num artigo na *The Philosopher*,[26] e por que agora eu tenho os recursos para escrever um livro inteiro que mesmo não filósofos podem ler. Esse é um bom exemplo do que pesquisadores da sociologia chamam de "vantagem cumulativa" ou "efeito Mateus": as pessoas que tiveram sucesso ontem são mais propensas a ser bem-sucedidas hoje, o que as torna ainda mais propensas ao sucesso amanhã.[27]

Olhando para essas seleções, é fácil ver como a forma deferencial da epistemologia do ponto de vista contribui para a captura pela elite em grande escala. Quanto mais alto o nível educacional, mais a experiência social se torna restrita. Alguns estudantes são conduzidos para programas de doutorado, enquanto outros são encaminhados para prisões — e as próprias estruturas opressivas que pretendemos contestar explicam em grande parte quem vai para onde. Maneiras deferenciais de lidar com a identidade podem facilmente herdar as distorções causadas por esses processos de seleção.

Mas é igualmente fácil ver no nível local — *nesta* sala, *neste* espaço social, *nesta* conversa — por que a deferência parece fazer sentido. Ela talvez seja uma melhoria do procedimento epistêmico que a precedeu. A pessoa negra na sala da elite pode muito bem estar mais bem posicionada do que pessoas não negras neste espaço para pensar sobre atuação policial e encarceramento. Então, se tivermos que ouvir uma única pessoa, melhor talvez que seja uma pessoa negra, mesmo uma pessoa negra rica e privilegiada, do que uma pessoa branca e privilegiada que, de outra forma, teria dominado a discussão. Dito de outro modo, a deferência muitas vezes pode parecer o melhor que podemos fazer diante do que consideramos fatos fixos da sala, do seu propósito e de quem está nela.

Mas esses são os últimos fatos que deveríamos querer manter fixos. E se nosso objetivo for simplesmente algo melhor do que as normas epistêmicas que herdamos de uma história explícita de apartheid global, então nossas expectativas estão terrivelmente baixas.

Os fatos que explicam *quem* acaba em *qual* sala moldam nosso mundo de maneira muito mais intensa do que as disputas pelo prestígio comparativo entre pessoas que já conseguiram entrar na sala. E quando a conversa é sobre justiça social, os mecanismos sociais que determinam quem entra na sala muitas vezes são exatamente o que precisa ser mudado; por exemplo, o fato de que pessoas encarceradas não podem participar de discussões acadêmicas sobre liberdade está intimamente relacionado ao fato de que elas estão fisicamente trancafiadas em jaulas.

Ainda assim, a deferência tem qualidades atraentes. Afinal de contas, as pessoas em salas poderosas, às quais os outros deferem, podem ser "elites" em relação ao grupo maior que representam, mas desfavorecidas em relação às outras pessoas nas salas com elas.

Nossa autopercepção — e os padrões de deferência que tendemos a adequar ao nosso compromisso com a epistemologia do ponto de vista — muitas vezes coloca em primeiro plano as formas pelas quais somos marginalizados, em vez das formas pelas quais não somos. Uma pessoa privilegiada em sentido absoluto (uma pessoa pertencente, digamos, à metade do mundo que tem acesso garantido às "necessidades básicas") pode, no entanto, ter a experiência de estar constantemente na extremidade inferior da dinâmica de poder de seu mundo social imediato. As salas em que estamos, ou seja, a dinâmica social que realmente vivenciamos, têm papel central no desenvolvimento e refinamento da nossa subjetividade política e da nossa autopercepção.

A deferência responde às experiências reais e moralmente pesadas de ser humilhado, ignorado, marginalizado, silenciado. O fato de outros terem problemas mais graves não legitima a intolerância contra os relativamente favorecidos.

As pessoas estão — e devem estar — buscando respeito, dignidade e alguma medida de reconhecimento junto com reformas políticas e redistribuição material. Todos nós merecemos esses bens atencionais, que muitas vezes são negados até às "elites" de grupos marginalizados e estigmatizados. Além disso, as distribuições de respeito e cuidado podem ser conquistadas e perdidas coletivamente; há *algumas* conexões entre o interior da sala e o exterior. A interpretação deferencial da epistemologia do ponto de vista, portanto, tem um importante apelo não epistêmico para essas elites: ela intervém diretamente em práticas que por questões morais interferem na oferta de atenção e respeito.

Esse foco na marginalização relativa de nós mesmos é especialmente fácil de cultivar quando a exposição a pessoas abaixo de nós nas hierarquias relevantes é controlada ou evitada, o que, no final das contas, é muito do que as salas fazem. Esse deslocamento do aspecto pessoal para o primeiro plano acontece por um motivo que é totalmente compatível com o éthos da "epistemologia do ponto de vista" e da valorização da experiência vivida. Nossa ênfase pessoal na forma como somos marginalizados geralmente combina bem com a valorização da leitura do mundo *como o vivenciamos*. E esse foco pode ser, de certa forma, conveniente para os praticantes da epistemologia da deferência. No entanto, eu ainda acho que a visão cínica lhes dá bem pouco crédito. Muitos dos que praticam a epistemologia da deferência estão simplesmente fazendo o melhor que podem.

No entanto, esse mesmo fenômeno também ilustra como a força da epistemologia do ponto de vista — o reconhecimento da importância da perspectiva — se torna sua fraqueza quando reduzido à política de deferência. De uma perspectiva estrutural, as salas em que *não* entramos, as experiências que *não* temos (e os motivos pelos quais somos capazes de evitá-las) podem ter mais a nos ensinar sobre o mundo e nosso lugar nele do que qualquer outra coisa dita nesses espaços. Nesse caso, a abordagem deferencial da epistemologia do ponto de vista, na verdade, nos *impede* de "pôr no centro" o mais marginalizado e até mesmo de ouvi-lo, pois nos leva a concentrar a atenção nas interações dentro das salas que ocupamos, em vez de nos chamar às interações de que não precisamos e que normalmente não temos.

Para aqueles que são tratados com deferência, a performance da deferência pode potencializar normas prejudiciais ao grupo.

Em seu livro *Conflict Is Not Abuse* [Conflito não é abuso], a escritora ativista e acadêmica Sarah Schulman faz uma observação provocativa sobre os efeitos psicológicos do trauma e do sentimento de superioridade: embora muitas vezes ocorram por razões diversas e tenham status morais muito diferentes, eles resultam em padrões comportamentais semelhantes. O principal deles é a deturpação dos riscos do conflito (muitas vezes exagerando os danos previstos) e a representação da independência dos outros como uma hostilidade (por exemplo, denunciando falhas em "pôr no centro" os tópicos ou as pessoas certas). Esses comportamentos, qualquer que seja sua história causal, têm efeitos corrosivos, especialmente quando as normas de uma comunidade os ampliam ou multiplicam em vez de restringi-los ou metabolizá-los.

Para aqueles que praticam a deferência, o hábito pode potencializar a covardia moral, pois as normas de deferência dão cobertura social para se abdicar da responsabilidade. Ela desloca para o indivíduo heroico, para uma classe heroica ou para um passado mitificado o trabalho que é nosso dever no presente. A perspectiva deles pode ser mais clara sobre esse ou aquele assunto específico, mas seu ponto de vista geral não é em nada menos particular ou limitado pela história do que o nosso. Mais importante ainda: a deferência joga a responsabilidade que é inteiramente nossa nas costas de pessoas selecionadas — e, na maioria das vezes, nas costas de uma caricatura higienizada e completamente ficcional delas.

A deferência aos coletivos ou à sua cultura tem muitos dos mesmos riscos da deferência ao indivíduo marginalizado. Amílcar Cabral, militante do PAIGC, reafirmou a necessidade de responder aos séculos de racismo antinegro e às suposições generalizadas sobre a inferioridade da história e da cultura africanas. Sem dúvida ele negou que algo como uma cultura africana única existisse. Mas, mesmo que tivesse existido, a referência a ela não responderia a questões sobre como devemos nos comportar e nos organizar politicamente, uma vez que toda cultura "comporta elementos essenciais e secundários, forças e fraquezas, virtudes e defeitos, aspectos positivos, fatores de progresso e de estagnação ou mesmo de regressão". Amílcar Cabral chegou a insistir que "a aceitação cega dos valores culturais sem ter em consideração o que podem ter de [...] reacionário ou regressivo" seria "não menos prejudicial à África" que a subestimação racista da cultura africana havia sido.[28]

As mesmas táticas de deferência que nos isolam da crítica e da discordância nos isolam da conexão e da transformação. Elas impedem que nos engajemos de forma empática e autêntica nas lutas de outras pessoas — um pré-requisito da política de coalizão.

Além disso, à medida que as identidades se tornam cada vez mais pulverizadas e as discordâncias mais nítidas, percebemos que a "política de coalizão" (entendida como luta que atravessa as diferenças) é, simplesmente, política. Assim a orientação deferencial, tal como a fragmentação da coletividade política que ela possibilita é, em última instância, antipolítica.

Optar pela deferência em vez da interdependência pode aliviar feridas psicológicas a curto prazo, mas o custo pode ser alto: minar os objetivos que motivaram um projeto — e consolidar uma política que não serve àqueles que lutam pela liberdade acima do privilégio, pela libertação coletiva acima da mera vantagem pessoal.

Projetos melhores

A política de deferência está certa em seu *o quê*: realmente é importante que prestemos atenção às experiências vividas, e é politicamente relevante que prestemos atenção à diferença. Mas ela está errada sobre *como* fazer isso, porque quanto mais nos concentramos em mudar nossas normas de interação para aquelas que levantam vozes e perspectivas apenas local e cosmeticamente *na* sala, mais difícil se torna mudar o mundo *fora* dela.

Como o filósofo C. Thi Nguyen nos lembrou no capítulo anterior, o poder do sistema pertence a quem projeta o jogo, que constrói nosso sistema social, econômico, cultural e até mesmo de atenção de forma a nos fazer seguir seu plano de jogo.

No discurso que citei como epígrafe a este capítulo, Amílcar Cabral explica outro aspecto importante desse controle sistêmico: "a prática do domínio imperialista [...] exige, como fator de segurança, a opressão cultural e a tentativa de liquidação, direta ou indireta, dos dados essenciais da cultura do povo dominado". A cultura, para ele, é nossa capacidade coletiva de projetar e organizar nossas próprias vidas e de sermos os motores de nossa própria história — uma habilidade que entra em conflito direto com o objetivo dos imperialistas de serem os que projetam e controlam. É por isso que, "sejam quais forem os aspectos materiais desse domínio", a dominação imperialista só pode sobreviver "com uma repressão permanente e organizada da vida cultural desse mesmo povo".[29]

Isso ilustra, acima de tudo, o principal problema com a deferência: ela direciona nossa capacidade de reconstruir a casa inteira para salas específicas que já foram construídas para nós.

Ela se anuncia como um ato de deferência às vozes e perspectivas marginalizadas, mas ao fazer tantas concessões ao projeto de sociedade talvez ela seja mais bem entendida como um ato de deferência à estrutura já construída da sociedade.

Estou defendendo aqui outra abordagem, uma que admita que temos de começar com as interações sobre as quais temos maior controle, mas que mantenha em vista a ideia de mudar a forma como essas interações se dão: reconstruir toda a sociedade, e não apenas nossas interações. Concentrar nossas forças nisso, portanto, nos dá uma política *construtiva*.

Uma política construtiva busca objetivos específicos ou resultados finais em vez de tentar evitar "sermos cúmplices" nas injustiças que, presumimos, na maioria das vezes persistirão de qualquer maneira. Se nossa preocupação é a "epistemologia" ou as práticas de conhecimento, então uma política construtiva deve se concentrar em instituições e práticas de coleta de informação estrategicamente úteis para enfrentar as injustiças sociais em si, não apenas seus sintomas manifestos na sala em que estamos hoje.

Em geral, uma política construtiva é aquela que envolve diretamente a tarefa de redistribuir recursos sociais e poder, em vez de perseguir metas intermediárias convertidas em símbolos.

Essa é uma abordagem que demanda. Ela requer que nademos contra a corrente, que sejamos responsáveis e responsivos às pessoas que ainda não estão na sala e que construamos salas onde poderemos nos sentar juntos, em vez de só navegar mais graciosamente pelas salas que a história construiu para nós.

A tarefa de reconstruir o mundo é demandante, mas é a política construtiva — não a política de deferência — que unifica todas essas demandas.

4. Construindo uma nova casa

> A resistência é o seguinte: destruir alguma coisa, para construir outra coisa. Isso é que é resistência. O que é que nós queremos destruir na nossa terra? A dominação colonial dos tugas. Só isso? Não. Ao mesmo tempo, não queremos qualquer outro tipo de dominação colonial na nossa terra, qualquer outro tipo de dominação estrangeira. Queremos que o nosso povo mande no seu destino, através dos seus filhos, na Guiné e em Cabo Verde. Isso é que queremos em primeiro lugar.
>
> AMÍLCAR CABRAL, *Análise de alguns tipos de resistência*[1]

PAULO FREIRE TEVE uma infância marcada pela fome.

E poderia ter sido pior. Freire nasceu em 1921 no Recife, "o centro de uma das situações mais extremas de pobreza e subdesenvolvimento no Terceiro Mundo".[2] Os Freire foram uma família de classe média temporariamente empobrecida cuja segurança econômica havia sido abalada pelas circunstâncias excepcionais da Grande Depressão.[3] Assim, Paulo e seus irmãos eram "meninos conectivos", socialmente ligados tanto aos abastados quanto aos pobres.

Mas a fome que o uniu pela experiência comum aos "meninos e meninas dos córregos" não o fez sem restrições: ele e seus irmãos ainda eram para essas crianças "meninos de outro mundo, acidentalmente no seu".[4] Ainda que a fome tenha chegado à família "sem pedir licença, [uma fome do tipo que] se instala e se acomoda e vai ficando sem tempo certo para se despedir", ela chegou numa sala de estar com um piano e encontrou uma família liderada por um homem que usava gravata para trabalhar — marcadores de classe aos quais os Freire se apegaram com todas as forças.

Talvez por isso a fome tenha entrado e saído da casa da família antes de levar às consequências que afetaram milhões de brasileiros da classe trabalhadora no "outro mundo" com as quais as crianças da família Freire se depararam. Para muitos desses amigos de infância, pernas, braços e dedos haviam se tornado finos e frágeis, os olhos fundos nas órbitas — sinais de desnutrição persistente, típicos da fome que veio para ficar.

Mesmo assim, Paulo Freire nunca esqueceu. Durante seus seis anos de exílio, tendo fugido da ditadura militar brasileira que assumiu o poder por meio de um golpe apoiado pelos Estados Unidos em 1964, ele documentou essas experiências no que se tornaria seu livro mais influente, *Pedagogia do oprimido*.[5] A obra apresenta algumas de suas ideias-chave, como a crítica ao que ele chamou de modelo bancário de educação, no qual professores veem os alunos pobres como recipientes passivos e vazios a serem preenchidos com as informações que eles, os professores, possuem.[6]

Esse modelo e os papéis presumidos e imutáveis do professor como fornecedor e do aluno como recebedor são obstáculos a serem superados. Tanto na educação de crianças quanto na de adultos, o modelo bancário tenta criar "autômatos" que nem pensam nem agem por si mesmos — e evitar a *conscientização* (consciência crítica), a relação mutuamente humanizadora entre quem vem dos "oprimidos" e quem vem dos "opressores" que resulta de uma educação mutuamente libertadora.[7]

A conscientização visa o oposto da captura pela elite. Embora ambas juntem elites e não elites, a captura pela elite perpetua e explora a divisão, recrutando não elites para atuarem em favor dos interesses das elites; a conscientização, por outro lado, visa seguir projetos políticos mutuamente libertadores que eliminariam por inteiro a distinção entre elites e não elites.

Essa abordagem libertadora da educação, argumentou Freire, começaria por legitimar o conhecimento que tanto alunos quanto professores carregam para qualquer situação. Mas culminaria na transformação das relações sociais que dependiam de sua "educação" servir como engrenagens na máquina alheia — ou seja, da própria sociedade. Então ele começou a trabalhar, iniciando pelos espaços aos quais ele tinha acesso e nos quais tinha poder: as salas de aula.

Reconstruindo a casa: Lilica, Paulo e o PAIGC

A história do nosso sistema político global — a grande casa onde todos temos quartos — começa com as explorações e conquistas do Império português. No capítulo anterior, vimos como Lilica Boal fez uma ousada fuga da sala de aula em que ela estava. Ela partiu para se juntar à luta contra o Império português.

Muito antes de Cristóvão Colombo zarpar sob bandeira espanhola em 1492 — o mesmo ano em que forças cristãs terminaram de remover a última dinastia muçulmana da

Península Ibérica, completando a chamada Reconquista —, Portugal já vinha trabalhando duro há muito tempo na construção de colônias e relações comerciais que produziriam o comércio transatlântico de escravos e, com isso, a economia mundial moderna.[8]

Exploradores portugueses navegaram pela costa oeste da África durante a maior parte do século XV, reivindicando direitos exclusivos para Portugal pelas "terras descobertas". Armado e enriquecido por conquistas imperiais na Ásia, na África e nas Américas, e pelas riquezas que elas forneceram em metais preciosos e seres humanos traficados, Portugal se tornou a primeira superpotência moderna e foi por algum tempo o país mais rico da Europa.[9]

Duas dessas "descobertas" foram o que se tornariam os atuais Guiné-Bissau e Cabo Verde. Exploradores desembarcaram na Guiné-Bissau em 1446 e nas proximidades do arquipélago de Cabo Verde em 1456. O primeiro era então o centro do reino mandinka de Gabu, cujos *mansas* (soberanos) exerciam influência sobre amplas áreas da África Ocidental por meio do poder obtido com o controle de um centro comercial transaariano de ouro, marfim e escravos.[10]

Os cativos das guerras de Gabu no continente começaram a ser vendidos em uma nova rede de tráfico humano que eclipsaria a rede continental em tamanho, escala e profundidade de exploração: era o comércio transatlântico de escravos, que canalizou pessoas escravizadas e seu trabalho para as áreas de conquistas coloniais europeias.[11]

A maioria desses territórios, particularmente nos séculos iniciais, estavam nas Américas — mas Cabo Verde foi uma exceção. A cadeia de ilhas da costa oeste da África, inabitada e ideal como ponto de parada no emergente comércio transoceânico, foi então povoada por colonos portugueses e africanos escravizados. Cabo Verde também foi usado como espaço de preparação para a conquista de grande parte da África Ocidental, incluindo Guiné-Bissau, e aos cabo-verdianos frequentemente eram concedidos papéis intermediários de gerenciamento tanto no comércio de escravos quanto na gestão colonial da Guiné-Bissau.

Quando Lilica Boal nasceu, já nos anos 1930, países europeus tinham usado a riqueza e o poder acumulados através do comércio de escravos e de outros esforços coloniais no mundo para estabelecer domínio colonial formal sobre a vasta maioria do continente africano, incluindo Cabo Verde e Guiné-Bissau (então "Guiné Portuguesa"). Os portugueses há muito tempo controlavam suas colônias com fria indiferença ao sofrimento característico do comércio de escravos que as ilhas tornaram possível.

Em resposta a uma das muitas secas que assolaram Cabo Verde nos séculos que antecederam o seu movimento de independência, a um advogado cabo-verdiano que protestava autoridades coloniais em Londres disseram que "o governo não é culpado pela falta de chuvas regulares em Cabo Verde".[12] Muito provavelmente, a infância de Lilica não foi tão diferente daquela de seus pais ou avós.

Os portugueses contiveram a resistência ao seu domínio com brutais "campanhas de pacificação" militares para aterrorizar aqueles que a fome e a precariedade não haviam conseguido calar.[13] Essa postura militarista foi intensificada pela desintegração em 1926 da República Democrática Portuguesa, que foi substituída por um regime fascista instalado sob o governo corporativista autocrático que António Salazar chamou Estado Novo.[14]

Em 1956, uma organização surgiu para contestar o Estado Novo em Cabo Verde e na vizinha Guiné-Bissau: o Partido Africano da Independência da Guiné e Cabo Verde. O PAIGC passou três anos em negociação com o governo português, empregando uma estratégia focada em manifestações e greves de trabalhadores. A não violência do partido foi enfrentada com brutalidade, culminando no massacre de cinquenta trabalhadores portuários em uma greve pacífica no porto de Pidjiguiti.[15] Após o episódio, o grupo iniciou uma campanha de guerrilha armada em resistência aos portugueses. Lilica deixou a faculdade para ingressar nessa luta, e ela culminou na independência das duas nações, em 1973 e 1974.[16]

Vários fatores contribuíram para o sucesso da campanha multifacetada do PAIGC, como a onda de movimentos de independência africanos e asiáticos no pós-Segunda Guerra Mundial (encabeçada pela independência de Gana em 1957), as redes de ajuda mútua e solidariedade que uniram muitos desses movimentos e, particularmente, a luta de países africanos contra a dominação portuguesa, inclusive Angola e Moçambique.

A historiadora Sónia Vaz Borges chama a nossa atenção para aspectos frequentemente negligenciados da atividade revolucionária do PAIGC: a educação militante e a prática de tomada de consciência.[17] Cabo Verde e Guiné-Bissau herdaram um sistema colonial de educação projetado para produzir e formar uma elite de "africanos assimilados" para que fossem capazes de cogerenciar o projeto colonial e converter africanos "nativos" não assimilados em força de trabalho viável.[18] Em contraste, os militantes do PAIGC desenvolveram um programa de educação projetado para combater as mazelas do sistema de educação colonial português e favorecer a autodeterminação e a resistência ao domínio colonial.

A luta militar do PAIGC envolvia portanto uma ampla batalha no "front educacional", a qual o militante de Guiné-Bissau Agnelo Regala diz ter sido considerada "tão importante" quanto outras frentes, "porque não vale a pena [...] libertar a terra se nós não estamos prontos para assumir a responsabilidade da independência".[19] A alfabetização básica e a educação política foram consideradas treinamentos para todos os aspectos da luta.[20]

Através de entrevistas com militantes vivos do PAIGC e pesquisa de arquivo, Vaz Borges descobriu que eles superaram uma série de obstáculos práticos consideráveis. O PAIGC criou e distribuiu um jornal, embora as baixas taxas de alfabetização entre os adultos fossem um desafio à sua eficácia. Ao mesmo tempo, a escolarização das crianças competia com o trabalho nas lavouras familiares e, portanto, ameaçava o sustento e a sobrevivência de famílias que se mantinham com a agricultura de subsistência. Parcialmente por causa disso, a insistência do PAIGC na inclusão de meninas nas escolas encontrou resistência em algumas partes dos países. As preocupações com segurança e a escassez de recursos, ambas exacerbadas pela luta armada simultânea contra os militares portugueses, sempre foram grandes. Além disso, o sistema educacional secular do PAIGC ameaçou interromper o equilíbrio de poder que havia sido cuidadosamente negociado entre os portugueses, o sistema educacional cristão e os dois outros sistemas preferidos pelas comunidades muçulmana e animista dos dois países.[21]

O PAIGC enfrentou esses desafios por meio do cultivo de relacionamentos estratégicos e cuidadosos, inclusive com a recém-formada Organização da Unidade Africana, cujo Comitê de Libertação serviu de canal para assistência estrangeira material e militar a muitos dos movimentos anticoloniais africanos, inclusive auxílio vindo da União Soviética e da China pós-Revolução Cultural, cujas doações de armas e treinamento militar foram substanciais. Cuba, não contente em apenas contribuir com assistência material na forma de alimentos e uniformes militares, disponibilizou tropas — uma medida que nenhum outro país tomou durante o conflito.[22]

Ahmed Sékou Touré, presidente da recém-independente Guiné (país vizinho da Guiné-Bissau), doou a infraestrutura para a criação de um internato-piloto. O partido construiu a Escola-Piloto com recursos obtidos da Cruz Vermelha e de um funcionário do alto escalão das Nações Unidas (supostamente um "amigo" das lutas de libertação). Lilica Boal foi nomeada diretora da escola.

Contra essa coalizão havia um agrupamento paralelo apoiado pelo Estado fascista português. Membro da Otan, a Organização do Tratado do Atlântico Norte, Portugal bombardeou a Guiné-Bissau com a ajuda de dezenas de aviões cargueiros e de guerra fornecidos por Grã-Bretanha, França, Alemanha e Estados Unidos e pela corporação American Lockheed (atual Lockheed Martin).[23]

A Escola-Piloto acolheu filhos de militantes do PAIGC e órfãos de guerra que as bombas e a infantaria portuguesas geraram. Lá, Lilica e seus camaradas ensinaram com apoio considerável de outras partes do mundo: eles usaram materiais impressos na Suécia e financiados parcialmente pelo

Partido Social-Democrata Sueco, alimentaram as crianças com provisões doadas por Cuba (cujo governo também enviou médicos para lhes prestar atendimento) e mantiveram um laboratório para os estudantes com recursos do exterior.[24]

Mas, explica Vaz Borges, os militantes do PAIGC não ficaram só nas escolas para crianças. Eles implementaram leitura coletiva e grupos de discussão de seus jornais para jovens e adultos, o que facilitou especialmente a alfabetização desses adultos. Para fazer a educação infantil funcionar, o partido negociou com os anciões dos vilarejos e elaborou um sistema no qual as crianças frequentavam tanto as escolas do PAIGC quanto as escolas religiosas, e também integrou o simbolismo religioso às tradições partidárias.[25] Além disso, enviaram um contingente de mulheres para a União Soviética, para que recebessem formação em enfermagem; depois que elas voltaram, mais meninas se inscreveram para fazer o mesmo. A fim de facilitar a participação de crianças em um país de agricultores de subsistência, o calendário escolar foi pensado em torno do calendário agrícola.[26]

O envolvimento total das mulheres na luta pela libertação era um objetivo explícito do PAIGC, e isso se refletia nas práticas de organização e nos regulamentos. Por exemplo, o partido decidiu exigir que cada um dos conselhos de vilarejo eleitos que ajudaram a organizar as zonas libertadas incluísse pelo menos duas mulheres em sua composição de cinco membros.[27] De acordo com a pesquisadora Stephanie Urdang, em apenas uma década — a contar de 1959, quando os primeiros mobilizadores do PAIGC começaram a implementar discussões de tomada de consciência no campo — o partido passou de reuniões que incluíam algumas poucas mulheres para a quase paridade entre homens e mulheres.[28] O braço armado do PAIGC incluía uma milícia feminina, de onde saíram muitas das conselheiras de saúde pública do partido.[29]

Cabo Verde e Guiné-Bissau derrotaram o Império português, conquistando a independência em 1973 — uma independência que só foi reconhecida pelo governo em 1975, um ano após a revolução que depôs o regime fascista do Estado Novo.

O PAIGC começou a trabalhar na transição da luta armada para uma luta de outro tipo: a construção da nação. Depois que o partido tomou o poder, em setembro de 1973, o número de estudantes em seus programas mais que dobrou. Mas, tendo focado a luta contra os militares, o PAIGC não tinha a quantidade de professores necessária para esse novo desafio. Nem tinha recursos suficientes para criar materiais educativos e treinar rapidamente seus quadros com o novo método educacional desenvolvido durante a luta pela libertação. Assim, Lilica Boal e seus companheiros sentiram que a única opção seria usar estruturas coloniais e materiais escolares portugueses preexistentes, mas com "modificações estratégicas".[30]

Paulo Freire e o Instituto de Ação Cultural (Idac), do qual ele era membro e fundador, foram então chamados para atuar como conselheiros. Isso ocorreu em parte por causa das semelhanças de perspectiva entre a estrutura de educação que o PAIGC desenvolveu durante a luta de libertação (auxiliado pela contribuição pioneira dos militantes da Escola-Piloto) e a teoria que Freire elaborou antes de se exilar do Brasil.[31]

Apesar desses esforços, não houve um final feliz. A guerra com Portugal havia destruído grande parte da infraestrutura de Guiné-Bissau, reduzindo a terra arável disponível a menos de um terço da área anterior à guerra — parcialmente como resultado das extensas campanhas de bombardeio pelos militares portugueses e do aliciamento de aldeões que não se alinhariam (ou não poderiam se alinhar) ao PAIGC em pequenas e densas regiões agrícolas que rapidamente esgotaram o solo.[32]

A crise econômica na Guiné-Bissau exacerbou as divisões sociais: entre o partido e os líderes tradicionais, entre partes urbanas e rurais do país, entre diferentes grupos étnicos e, talvez o mais significativo, entre bissau-guineenses e cabo-verdianos. Estes últimos, de quem se dizia ocuparem um número desproporcional de cargos de liderança no partido, muitas vezes eram intelectuais urbanos cujas participações envolviam riscos diferentes daqueles do campesinato exposto ao pior da violência e do sofrimento da guerra, já que quase todos os combates iniciais ocorreram na Guiné-Bissau.[33] Além disso, havia em geral profundo ressentimento em relação aos cabo-verdianos pelo longo tratamento preferencial do arquipélago por parte do Império português e por seu papel como intermediários no gerenciamento da dominação colonial.[34]

Essas tensões culminaram num golpe em 1980 que derrubou a ala cabo-verdiana do PAIGC, a qual se tornou o Partido Africano da Independência de Cabo Verde (PAICV), que continua sendo importante na política cabo-verdiana até hoje. Já a Guiné-Bissau tem sido atormentada por uma série de golpes e contragolpes desde então, conforme diferentes facções lutam por poder dentro e em torno do partido; o poder se concentrou cada vez mais nas mãos das elites partidárias, inclusive ex-militantes do PAIGC.[35] O historiador bissau-guineense Julião Soares Sousa lamenta o que considera serem produtos da "dolorosa história recente" do país: o estigma trazido pelas lutas por poder e controle, a falta de confiança dos guineenses no sistema político e no partido, a falta de ação efetiva das novas elites frente ao crescimento dos problemas nacionais e, subjacente a tudo isso, uma profunda perversão dos valores.[36]

Para piorar a situação, o aumento das ações policiais contra o tráfico de drogas na América Latina fez da Guiné-Bissau um centro do comércio global de drogas ilícitas, particularmente de cocaína. Assim como sua localização na costa oeste da África fez de Cabo Verde e Guiné-Bissau locais estratégicos para o comércio transatlântico de escravizados, agora traficantes de drogas recorrem à Guiné-Bissau como escala entre Venezuela e Colômbia e o lucrativo mercado de drogas europeu. A mídia global batizou a Guiné-Bissau de "o primeiro narcoestado da África", estimando que até um quarto da cocaína mundial seja traficada através da pequena nação, embora os estudiosos tendam a moderar essa estimativa.[37] Tendências recentes, como uma "alta histórica" no consumo de cocaína global, levaram alguns jornalistas a especular que narcotraficantes estejam tentando expandir o tráfico tanto em Cabo Verde de forma semelhante à que ocorre na Guiné-Bissau.[38]

No entanto, algo significativo foi conquistado, além de novas bandeiras. Até a Guiné-Bissau, considerada por muitos um "Estado fracassado" (quando não um "narcoestado"), avançou em algumas áreas.[39] A educação é uma delas: tomando por base a independência nacional recente, a taxa de alfabetização aumentou de 2% na pré-independência a 60% entre jovens de quinze a 24 anos.[40]

Nas décadas desde a independência, Cabo Verde aumentou sua renda nacional em dez vezes, ascendendo do grupo de países mais pobres do mundo ao status de "país de renda média" entre as economias mais estáveis da África.[41] A ênfase do PAIGC no poder e na tomada de decisão comunitários parece ter sobrevivido, evitando em Cabo Verde as tentações autocráticas a que outras revoluções sucumbiram, e alguns jornalistas estrangeiros chegaram a chamar o país de "exceção africana" e "nação mais democrática da África".[42]

Essas lutas revolucionárias não apenas libertaram Cabo Verde e Guiné-Bissau — elas também libertaram Portugal. Lilica Boal relembra a insistência de Amílcar Cabral, um dos líderes do PAIGC, sobre sua luta ser contra o colonialismo como sistema, não contra o povo de Portugal.[43] O partido também se manteve fiel a esse compromisso nas suas ações.[44] Carmen Pereira, uma comissária política de alto escalão e um dos membros mais proeminentes do partido, em declaração à jornalista Suzanne Lipinska, explicou a posição do PAIGC sobre política de identidade em termos simples que devemos considerar seriamente: "Há pessoas brancas que nos oprimem e há aquelas que nos ajudam".[45] Em um discurso radiofônico em 1969 apropriadamente intitulado "Mensagem ao povo português", Amílcar Cabral deixou isso claro, posicionando explicitamente o PAIGC ao lado do povo português e contra o governo do Estado Novo.[46]

Embora essa mensagem tenha sido, sem dúvida, uma propaganda inteligente em tempos de guerra, ela foi mais do que isso. O PAIGC mostrou leniência com prisioneiros de guerra portugueses, que muitas vezes foram libertados — tentando ir além das palavras e comunicar de fato a diferença entre eles e o Exército português, que por várias vezes executou sumariamente militantes do partido que tiveram a má sorte de cair em suas mãos.[47] Cabral, como muitos camaradas seus e de Lilica vindos das colônias africanas de Portugal, foi educado em Lisboa — lá ele tinha sido liderança de grupos antifascistas e tomado medidas políticas arriscadas contra o regime do Estado Novo com camaradas negros, como Agostinho Neto, de Angola, e camaradas brancos, como Mário Soares (que viria a ser líder do Partido Socialista Português e também presidente de Portugal pós-Estado Novo).[48] O pesquisador em estudos étnicos Reiland Rabaka descreve o pensamento de Cabral como uma "teoria global e histórica", com objetivos políticos e aspirações proporcionais: Cabral reconheceu o imperialismo como estrutura global, não apenas das condições em Cabo Verde e Guiné-Bissau, e com isso ele reconheceu que se opor ao imperialismo exigiria mudar a estrutura política de todos e não apenas a de seu próprio povo.[49]

Mas a mensagem provaria ser mais do que uma mera postura de solidariedade para com seus companheiros. As guerras coloniais na Guiné-Bissau, assim como em Angola e Moçambique, corroíam constantemente o apoio ao regime do Estado Novo entre as elites, tanto as capitalistas quanto as do clero.[50] Quatro anos após o discurso de Cabral, oficiais militares de esquerda se reuniram em segredo para enfrentar o regime do Estado Novo; muitos deles se encontraram e conspiraram na Guiné-Bissau, palco das batalhas anticoloniais em que as forças militares portuguesas estavam sofrendo derrotas mais sérias.[51] Esses soldados formaram o Movimento das Forças Armadas (MFA), que derrubou o Estado Novo por não ter conseguido atender às principais demandas do movimento, os "três Ds": democracia, desenvolvimento e descolonização.[52] A tomada do poder, em grande parte sem sangue derramado (ao menos em Portugal), agora é conhecida como Revolução dos Cravos de 1974 — assim nomeada por causa das muitas imagens que circularam de cidadãos em êxtase entregando cravos aos soldados para comemorar o fim do regime fascista.[53] Embora muitos destaquem a Revolução dos Cravos como um ponto de inflexão fundamental para o processo de descolonização, o sociólogo António Tomás ressalta que essa ideia é ultrapassada: foram as lutas revolucionárias do PAIGC e de seus vários camaradas armados que apressaram a descolonização parcial de Portugal, e não o contrário.[54]

Está na nossa mão

O PAIGC travou uma importante luta contra grandes adversidades, e suas vitórias mudaram as coisas para todos. Eles não podiam apagar ou desfazer as barreiras que a história ergueu, mas podiam superar — e superaram — muitas delas.

Os capítulos 2 e 3 retrataram um cenário bastante duro. A estrutura social não apenas transforma os ambientes nos quais atuamos com os outros em mundos que servem aos interesses da elite, mas também pode sutilmente perverter nossas tentativas de resistir a essa dominação da elite. Algumas das medidas que tomamos para resistir às hierarquias opressivas acabam por favorecê-las. Não é exatamente uma virada esperançosa.

Mas nem tudo está perdido. Como vimos na discussão da história do traje imaginário do rei, as estruturas de poder afetam mesmo nossas interações mais mundanas. E a conclusão da história é igualmente importante: uma criança pequena aponta o rei e ri, sem seguir as regras ou se deixar intimidar. Com isso o feitiço da hierarquia estrutural se quebra, e todos podem dizer em voz alta o que estavam pensando: o rei está nu!

Há um sentido claro na organização de nossas interações pelas estruturas sociais: elas constroem o mundo em que as interações acontecem. Isso inclui "recursos", aspectos utilizáveis do ambiente social construído. Se você quiser fazer com que um objeto seja fácil de transportar, pregue nele uma alça. Se você quer que as pessoas evitem andar no meio da rua, crie uma calçada e pinte uma faixa de pedestres.

No mundo em que atuamos também há incentivos, recompensas e punições que orientam nosso comportamento. Em geral, as pessoas são mais propensas a fazer coisas pelas quais são recompensadas e menos propensas a fazer coisas pelas quais são punidas.

Há limitações, é claro. As estruturas sociais implicam fortes restrições que podem fazer com que certos atos sejam não apenas indesejáveis ou impopulares, mas de fato impossíveis. Não se pode "descolonizar" o currículo de uma escola que ainda nem foi construída, para começo de conversa. Mais dramaticamente: uma pessoa não pode se organizar contra seu governo se ela misteriosamente cair de um helicóptero ou for trancafiada numa prisão clandestina.

Existem outras formas poderosas e igualmente eficazes de coerção: o terror infligido aos entes queridos daqueles que foram jogados de helicópteros ou a presença física de um supervisor ou gerente encarregado da vigilância. Como disse Noam Chomsky em *Mídia: Propaganda política e manipulação*:

"Naquilo que hoje em dia é chamado de Estado totalitário ou Estado militar, é fácil. Basta manter um porrete acima das cabeças deles, e se eles saírem da linha você lhes esmaga a cabeça".[55]

Mas essas formas de contenção pelo pulso firme geralmente envolvem intervenções dispendiosas. Elas exigem mais atenção e dinheiro, e abrem espaço a represálias mais severas do que as elites costumam estar dispostas a arriscar.

É por isso que a maioria das estruturas sociais depende de mecanismos de coação mais brandos para policiar a vida social. Elas constroem recursos que conduzem as pessoas aos comportamentos desejados, facilitando as ações que apoiam o sistema e dificultando as que o contrariam. O resultado é que essas estruturas mantêm distribuições desequilibradas e autoprotetoras de recompensa e punição.

Uma forma clássica de fazer isso é manipular informações por meio de propaganda e desinformação. Vale a pena lembrar que nosso ambiente informativo — nossos "sistemas educacionais", para usar a expressão de Carter G. Woodson — tem menos a ver com doutrinação de pulso firme e mais com modos de facilitar o uso das informações para preservar o sistema, e ao mesmo tempo dificultar o uso de informações que alterem o sistema.

A desinformação e a propaganda geralmente são bem-sucedidas em desviar a atenção, distrair e desinformar. Mas elas não precisam sê-lo. O que é importante politicamente é o resultado desses esforços em termos de o que as pessoas fazem e o que elas não fazem. Existem outras razões para além de más ideias, como já vimos, que levam alguém a elogiar o traje do rei ou evitar tirar sarro dele.

Alguns aspectos do policiamento social estão focados em mudar as decisões das pessoas sem mudar diretamente o que elas pensam. Por exemplo, uma grande variedade de grupos ativistas, como o Debt Collective [Coletivo da Dívida] e o Movement for Black Lives, junto com pensadores como Fantu Cheru e Jeffrey Williams, há muito tempo perceberam a função disciplinar das dívidas estudantis, médicas e de cartões de crédito.[56] Cheru argumenta que as dívidas externas pressionaram os governos africanos pós-revolucionários a fazer acordos com o FMI, enquanto Williams mostra o quanto a crescente dívida estudantil nos Estados Unidos é ela mesma uma nova "prática pedagógica" que está afastando os estudantes de organizações disruptivas e os levando a agir em dócil conformidade com o status quo.[57]

Mas também há um sentido no qual toda essa construção de mundo e a atuação policial claramente *falham* em nos restringir. Criaturas como nós têm um poder especial. Apesar de toda a nossa programação social, nós podemos simplesmente *fazer* coisas. Podemos, até certo ponto, ignorar o quanto quisermos aquilo que as estruturas sociais nos mandam fazer. Podemos ignorar a calçada e andar no meio da rua; podemos carregar a mala com as alças pregadas na parte inferior. Nós podemos fazer o que vai ser punido; podemos ignorar a possível recompensa, escolher o pior prêmio. Além disso, podemos aceitar as recompensas e as punições sem aceitar as "lições" que elas pretendem nos ensinar sobre quem e o que são dignos.

Esse é o tipo de ação, fora do caminho traçado, da criança quando vê o rei. Foi também o que Carter G. Woodson fez em resposta à supremacia branca, o que Lilica Boal e seus camaradas do PAIGC fizeram frente ao colonialismo português e o que Paulo Freire fez em resposta às hierarquias do capitalismo racial brasileiro e à geopolítica da Guerra Fria.

Estruturas imensas e interesses consolidados empregam tempo, dinheiro e esforços imensos para nos convencer de que não temos esse poder ou de que é melhor não usá-lo. Não é difícil entender o porquê: esse é o tipo de poder que consegue muito rapidamente transformar o principal assunto da cidade em alvo de chacota.

Esse poder é um dos muitos que ajudam a explicar por que nossos sistemas sociais não são fixos — mesmo aqueles tão complicados quanto o nosso sistema global capitalista de hoje. Como já vimos analisando o terreno comum, sua estrutura é algo que podemos mudar e de fato mudamos regularmente. Podemos andar no meio da rua, mesmo quando há calçadas; podemos dirigir do lado errado da pista; podemos ler frases da direita para a esquerda. Como você pode ver por esses exemplos, não temos necessariamente muito a ganhar nos envolvendo em qualquer desvio do roteiro social. Mas, com algum esforço e consideração, esse é um poder que podemos exercer de forma mais construtiva: podemos decidir compartilhar informações que o chefe nos diz serem sagradas. Nós podemos andar no meio da rua para bloquear o trânsito num protesto. E podemos convidar pessoas para fazermos tudo isso juntos.

Nossa capacidade de tornar os sistemas em que vivemos mais complexos — mesmo eles estando embutidos em um mundo que estrutura nossas ações — é ela mesma parte da *auto-organização* geral do sistema, como a cientista ambiental e teórica de sistemas Donella Meadows explica. Ela observa um papel da educação que é impressionantemente semelhante ao que Woodson imaginou quase um século atrás: "As condições que incentivam a auto-organização muitas vezes são assustadoras para os indivíduos e ameaçadoras para as estruturas de poder. Como consequência, os sistemas educacionais podem restringir as habilidades criativas das crianças em vez de estimulá-las".[58]

Os sistemas sociais humanos são auto-organizados. De fato, algo muito parecido com esse pensamento já está embutido no uso do termo "organização" para nomear a atividade que desafia aspectos opressivos da nossa sociedade. Muitas vezes, quando nos organizamos, nós tentamos construir nosso pequeno sistema dentro do sistema mais amplo em que vivemos, para que ele seja influente a ponto de mudar o comportamento de todo o sistema. Esse é um potencial papel de um movimento de massa, de um partido trabalhista, de um conjunto de ações diretas. É o tipo de coisa que podemos fazer dentro de uma sala.

Tanto em Cabo Verde quanto na Guiné-Bissau, o PAIGC se deparou com obstáculos para alcançar uma liberdade mais profunda, que fosse além de ter bandeira e ministros. Isso envolveu dinâmicas internas e divisões sociais que eles podiam administrar, mas não apagar. Mas também envolveu problemas externos que iam além do controle imediato de suas dinâmicas interpessoais e escolhas institucionais, como as restrições de recursos e o comércio global de drogas.

Quando nos organizamos, existem duas maneiras básicas de tentarmos responder a esse aspecto infeliz da luta política. A primeira é mudando nossos objetivos e prioridades para focar naquilo que podemos alcançar facilmente, seja ignorando as restrições externas ou simplesmente acreditando que chegar até a política "interna" certa é a nossa melhor chance de mudar o mundo mais amplo. Embora seja sensato focar no que temos mais chance de controlar ou administrar, essa abordagem também é profundamente derrotista. É por isso que, em qualquer análise sóbria de nossa situação, a maioria das ferramentas que temos que usar para mudar o mundo faz parte de uma segunda estratégia, a "externa": aquela que está fora de uma sala ou de um conjunto de relações interpessoais.

Mãos à obra

Se seguirmos a abordagem construtiva que estou defendendo nestas páginas, reconheceremos que a forma como tratamos uns aos outros nos espaços de organização importa principalmente em termos de como isso nos coloca em relação ao resto do mundo. Afinal, a maior parte do mundo — e, portanto, a maioria das estruturas que estamos tentando mudar — está fora das salas específicas nas quais nós construímos alianças e refinamos nossa política.

No que quer que os militantes do PAIGC tenham errado, em um ponto eles acertaram: tanto a educação militante da luta pela libertação quanto a construção pós-revolução de um sistema educacional foram parte do mesmo esforço: mudar não apenas a dinâmica da sala de aula, mas de toda uma sociedade. Eles almejaram redesenhar o mapa do mundo e mudar suas relações de poder, e tentaram construir salas que ajudariam a chegar até esse resultado.

A crise de contaminação da água em Flint, no Michigan, é um exemplo mais recente das possibilidades e limitações de refinar nossa política dessa maneira. O Departamento de Qualidade Ambiental do Michigan [MDEQ, na sigla em inglês], um órgão governamental encarregado de apoiar "comunidades saudáveis", com uma equipe de cinquenta cientistas treinados à sua disposição, foi cúmplice no encobrimento da escala e da gravidade da crise de saúde pública por meses após o rio Flint, altamente poluído, ter passado a abastecer a cidade, em 2014.

Depois que a União Americana pelas Liberdades Civis divulgou um memorando interno vazado da Agência Federal Ambiental expressando preocupação com o chumbo nas águas do Flint, o MDEQ produziu um relatório adulterado indicando a medição geral de chumbo dentro dos níveis exigidos pelo governo federal; para isso, deixou de contar duas amostras contaminadas. Falando de uma posição de especialista e autoridade política, o MDEQ defendeu o status quo na cidade, alegando que "a água do Flint é segura para consumo", e o prefeito Dayne Walling citou essa fala em sua declaração com o objetivo de "dissipar mitos e divulgar a verdade sobre o rio Flint".[59]

No mês seguinte à malfadada troca no abastecimento de água de Flint, moradores relataram que a água da torneira estava esbranquiçada e tinha um odor preocupante. Naquele momento, o que eles precisavam não era que sua opressão fosse "celebrada", "posta no centro" ou narrada na linguagem acadêmica mais atual. Eles não precisavam que pessoas de fora compreendessem a sensação de ser envenenado. Com certeza, a política de deferência poderia oferecer tudo isso às pessoas — e essas coisas não são irrelevantes. Mas elas são secundárias. O que os residentes de Flint realmente precisavam, acima de tudo, era tirar o chumbo da água.

Então eles puseram mãos à obra. O primeiro passo foi desenvolver autoridade epistêmica. Para conseguir isso, eles construíram uma nova sala, que colocava residentes e ativistas de Flint em colaboração ativa com cientistas que tinham os laboratórios para fazer testes importantes e provar que o relatório do MDEQ era fraudulento.

O clamor dos residentes de Flint por causa da contaminação ajudou a recrutar cientistas para a causa. Os novos companheiros de sala organizaram uma campanha científica cidadã, que aumentou ainda mais a preocupação com a qualidade da água e distribuiu kits de amostragem às pessoas do entorno para que pudessem enviar a água de suas casas para testagem. A aliança de moradores e cientistas venceu, e a contaminação das crianças de Flint virou escândalo nacional.

No entanto, essa vitória sobre a narrativa pública foi apenas o primeiro passo. O segundo — limpar a água — exigia mais do que o reconhecimento estatal; implicava a divisão de tarefas e recursos para tratar a água e lidar com os problemas de saúde subsequentes.

O que os residentes de Flint receberam a princípio foi uma mistura de platitudes e zombarias da elite dominante (inclusive do presidente dos Estados Unidos, cuja identidade racial compartilhada com muitos dos moradores de Flint aparentemente não conteve tais atitudes). Agora, no entanto, parece que o ativismo dos habitantes e sua crescente lista de parceiros de coalizão obtêm cada vez mais vitórias significativas. Até o momento da escrita deste livro, a campanha contínua vem pressionando pela substituição completa da rede de água comprometida, e já forçou o estado do Michigan a pagar um acordo de 600 milhões de dólares às famílias afetadas.

Esse resultado não é de forma alguma uma vitória total. Não só os gastos com honorários de advogados tomarão uma parte substancial dos pagamentos como o acordo não pode desfazer o dano causado aos habitantes.

De fato, nenhuma orientação epistêmica pode, por si só, desfazer as várias assimetrias de poder entre as pessoas e o gigante sistema de estado. Mas a política construtiva, como a dos moradores de Flint, *pode* ajudar a tornar o jogo um pouco mais competitivo; a epistemologia da deferência, por outro lado, nem entra em campo.

Construindo uma nova casa

No final das contas, há um limite para o que podemos realizar dentro da sala — em nossa organização, quarteirão, departamento acadêmico, partido. Entender a dinâmica de nossos movimentos, comunidades, grupos de amigos e redes sociais é importante, mas também é crucial entender como o trabalho interno se relaciona com outras lutas.

O capitalismo racial é em si um sistema global, e o ritmo e a direção da crise climática que ele causou serão definidos por nossos sucessos e fracassos na mesma escala planetária.[60]

No fundo, a abordagem construtiva responde a esse problema de uma forma muito simples. Seja em pequena escala ou em uma grande instituição, o objetivo político que nos orienta é *construir coisas*, sejam instituições, normas ou outras ferramentas. Como acabamos de ver, os moradores de Flint construíram uma estrutura científica cidadã para se contrapor ao MDEQ. Essa não é uma história única, e sim uma estratégia generalizável: mesmo a tomada de decisões públicas, que envolve conceitos técnicos e pesquisa, pode ser feita de forma significativamente democrática e participativa.[61]

Como a epistemologia do ponto de vista, esse éthos simples parece óbvio e bastante inofensivo nesse nível de abstração. Mas existem concorrentes. Por exemplo, pessoas e organizações poderiam orientar suas políticas de forma opositiva. Muitas formas de identificação política consistem totalmente ou em grande parte em listas de coisas às quais se opõem: "anticapitalista", "antiencarceramento", "antirracista". Capitalismo, encarceramento em massa e racismo são coisas às quais vale a pena se opor, mas a visão de longo prazo da história humana confirma que mesmo a oposição bem-sucedida a esses problemas não garante um futuro justo. Tais fenômenos, pelo menos em suas formas modernas, não têm nem mil anos de idade. Especialmente na história recente, na maioria das vezes uma forma de opressão é substituída por outra que é semelhante ou até mais injusta do que aquela que a precedeu.

Mas talvez queiramos mais do que só fechar uma porta à injustiça enquanto ela abre uma janela. Se não quisermos apenas alterar a cor das correntes de nossos filhos, teremos que nos opor exitosamente a mais do que casos isolados de opressão. Eu suspeito que seja por isso que a estudiosa do sistema prisional Ruth Wilson Gilmore enfatizou que "abolição tem a ver com presença, não com ausência" e seu colega Micah Herskind definiu o abolicionismo como um "projeto duplo de destruição e construção, o desmantelamento de sistemas destruidores de vida ao lado da construção de sistemas vivificantes".[62] Gilmore e Herskind também se aproximam do éthos anticolonial de Amílcar Cabral, que, nas palavras do ativista queniano Firoze Manji, pode ser resumido por "autodeterminação, não secessão".[63]

Uma abordagem construtiva da política envolve construir poder por meio de instituições e redes, e no interior delas. Algumas operam separadas das ou nas margens das instituições globais dominantes, como a economia informal coletiva e práticas de ajuda mútua que pessoas negras e outros grupos têm praticado continuamente nos últimos séculos.[64] Mas muitas instituições necessárias são motores bem conhecidos, testados e aprovados para a promoção do progresso social. Sindicatos possibilitam que trabalhadores negociem coletivamente sobre suas condições de trabalho e remuneração — lutas fundamentais que decidem condições econômicas e sociais básicas de muitas pessoas. Mas o potencial político dos sindicatos é, claro, ainda mais significativo do que isso. Trabalhadores organizados podem usar seu poder de barganha para alcançar metas que vão muito além de salários e benefícios e, historicamente, muitas vezes o fizeram.

Nos Estados Unidos, os sindicatos desempenharam um papel fundamental no desmonte do sistema de segregação racial oficial e no desenvolvimento do conceito e da prática de uma "transição justa" para trabalhadores que deixavam indústrias ambiental e socialmente prejudiciais, ofertando-lhes alternativas benéficas.[65] No mesmo sentido, foi uma corajosa greve de trabalhadores (e a violenta repressão dela pela polícia colonial) que deslanchou a bem-sucedida luta anticolonial do

PAIGC.[66] Mais recentemente, sindicatos no Egito, na Argélia e no Kuwait contestaram as proibições e a repressão para forçar concessões dos regimes cujos abusos provocaram as revoltas da Primavera Árabe de 2011, bem como as que se seguiram.[67]

Algumas das outras instituições que teremos que construir podem ser menos familiares. Em 2013, uma coalizão de ativistas lançou uma campanha de financiamento coletivo chamada "Rolling Jubilee" para quitar mais de 30 milhões de dólares em dívidas — médicas, escolares, criminais* e de empréstimos consignados — de milhares de pessoas, sem filiação. Essa coalizão se transformou em um sindicato de devedores chamado Debt Collective.

A dívida estudantil nos Estados Unidos chega sozinha a 1,7 trilhão de dólares — que, conforme aponta o Debt Collective, se transforma em 1,7 trilhão de dólares de poder de barganha no sistema financeiro global, caso haja um movimento eficaz.

Em todo o mundo, organizações que lutam por justiça habitacional — que vão de grupos de ocupantes de terras a sindicatos de inquilinos — estão questionando os ditames do capital sobre os mercados imobiliários.[68] Como o Debt Collective aponta, essas organizações antigas e novas podem ser parceiras que se apoiam mutuamente. Um exemplo ilustrativo é a revolta bem-sucedida do povo de Cochabamba, na Bolívia, contra a privatização do sistema de água da cidade pela Bechtel, multinacional sediada nos Estados Unidos. O movimento empregou uma combinação de greves gerais e

* Nos Estados Unidos, o uso da justiça criminal gera custos. O termo dívida criminal abrange todas as cobranças advindas do contato com a justiça criminal, como multas, taxas, custas processuais e restituições. (N. T.)

táticas militares de guerrilha para preservar o controle público dos bens comuns.[69]

Mas uma abordagem construtiva da política exige que construamos poder de forma expansiva, em todos os aspectos da vida social — para além do trabalho. Isso é especialmente importante na era digital. Entre as ameaças desta fase mais recente do capitalismo racial está a erosão das bases práticas e materiais do poder popular sobre a produção e a distribuição do conhecimento. A captura e a corrupção dessas bases por elites bem posicionadas, em especial as corporações de tecnologia, continuam inabaláveis e largamente incontestadas.

Estamos vendo a monopolização corporativa das notícias locais e das redes sociais, a destruição e a pilhagem contínuas da profissão jornalística e o domínio dos interesses das elites na produção de conhecimento por meio de institutos de pesquisa e *think tanks*. Mas, conforme mostram a longa história do jornalismo sensacionalista de denúncias, dos jornais abolicionistas, da conscientização e das campanhas de educação política, redes de informação auxiliam ações políticas efetivas e podem restringir a violência do sistema. Muitas pessoas estão trabalhando duro para desenvolver meios análogos no século XXI, construindo redes fortes para o jornalismo ativista, incentivando a adoção de plataformas alternativas de redes sociais e aumentando a capacidade de pesquisa das organizações de esquerda. Elas merecem e precisam do nosso apoio.

Regras e procedimentos podem ajudar a manter esses projetos estáveis e bem direcionados. Mas as regras de ordem parlamentar dos Estados Unidos não conseguem fazer muito para restringir culturas organizacionais tóxicas. Teremos que pensar de forma mais abrangente.

Num discurso em que Amílcar Cabral descreve movimentos sociais com ação semelhante à das batalhas anti-imperialistas que ele estava então lutando contra o Império português, ele observou que "a libertação nacional é necessariamente um ato de cultura".[70] Por "cultura" Cabral não quis dizer que uma lista cuidadosamente selecionada de saudações habituais rotineiras, alimentos tradicionais e estilos de vestuário iriam derrubar as forças militares de um império fascista.

Cultura é "a manifestação vigorosa no plano ideológico ou idealista" dos povos e "um produto de sua história", Cabral observou. Mas ele também insistiu que a cultura não é apenas uma força ideológica ociosa ou um conjunto de modas e preferências que resulta de tendências passadas e presentes; cultura também é "um determinante da história, pela influência positiva ou negativa que ela exerce sobre a evolução das relações entre o homem e seu ambiente". É por isso que ele afirmou que a dominação imperialista "pode ser mantida somente pela repressão permanente e organizada da vida cultural das pessoas". Afinal, se as pessoas têm o hábito de determinar elas mesmas como organizar em suas vidas mais do que lhes é permitido atualmente, os imperialistas astutos entenderão que os colonizados podem acabar querendo tomar conta de tudo. Nesse sentido, a luta pela libertação nacional era simplesmente "a expressão política organizada da cultura das pessoas que estão empreendendo a luta".[71] Nós devemos submeter tanto nossas normas culturais quanto nossos objetivos e aspirações a um teste construtivo: "O importante é proceder à análise crítica das culturas africanas em relação ao movimento de libertação e às exigências do progresso". Isto é, devemos avaliar nossa cultura instrumentalmente, pela forma como ela nos ajuda a construir o que estamos tentando construir.[72]

Uma cultura política construtiva deve se concentrar no resultado e não no processo — visar a busca de metas específicas ou resultados finais em vez de evitar a cumplicidade na injustiça ou promover puramente princípios morais ou estéticos.

Quando se trata de conhecimento e informação, nós devemos nos preocupar principalmente com a construção de instituições e campanhas de coleta e compartilhamento de informações relevantes em vez de pôr grupos específicos no centro ou porta-vozes que os substituam. Também devemos calibrar nosso programa diretamente para a tarefa de redistribuir recursos sociais e poder no lugar de pedestais, atenção ou simbolismo.

Precisamos nos concentrar na construção e reconstrução de salas, não na regulação do tráfego dentro delas e entre elas. Esse é um projeto de criação de mundo com o objetivo de construir e reconstruir estruturas reais de conexão social e movimento, não mera crítica das estruturas que já temos.

Devemos direcionar nosso olhar para outras escalas, de lutas locais como as que visam controle comunitário da terra, moradia e energia até lutas globais pelo cancelamento da dívida do Sul Global. Essas lutas, especialmente quando são de escopo planetário, tornam possível uma completa renovação do nosso sistema social global — para reconstruir a casa na qual todos vivemos juntos.

5. O objetivo é mudar

Escrevendo na década de 1880, Karl Marx fez uma observação que ficou famosa: "Os filósofos têm apenas interpretado o mundo, de várias maneiras; o ponto, no entanto, é transformá-lo".[1] Afinal, não importa quem nós "pomos no centro" nos pensamentos e mensagens da nossa cultura de organização, haverá chumbo em nossa água até que façamos algo a respeito do encanamento.

Mais de um século depois e a um oceano de distância, a ativista e intelectual afro-guianense Andaiye soou um alerta parecido: "As antigas fundações estão desmoronando, e as novas ainda não estão sendo imaginadas".

Eu não sou o único a ver uma afinidade entre essas duas linhas de pensamento: foi por uma boa razão que Alissa Trotz, organizadora da coletânea de ensaios de Andaiye em que eu descobri esta citação, deu ao livro o título *O importante é transformar o mundo* e incluiu como epígrafe a décima primeira tese de Marx sobre Feuerbach.[2]

Mas, enquanto o comentário de Marx encapsula a velha luta sobre o lugar da filosofia em qualquer tempo, a de Andaiye nos provoca a examinar a sua relevância no tempo atual.

Andaiye nasceu em 11 de setembro de 1941 em Georgetown, capital do que era então a Guiana Britânica. Com a aprovação do presidente John F. Kennedy, a CIA conspirou para fraudar as eleições do país, que logo se tornaria independente, derrubando o abertamente comunista indo-guianense Cheddi Jagan em favor de alguém aparentemente moderado, Forbes Burnham. Seu governo, que o historiador guianense Clem Seecharan caracteriza como uma ditadura, durou dezesseis anos.[3]

Enquanto o país mergulhou no que Seecharan descreve como uma "guerra racial virtual entre africanos e indígenas", a jovem Andaiye trabalhava duro para se educar e aprofundar sua política radical. Ela estudou na Universidade das Índias Ocidentais com o então aluno e posterior camarada Walter Rodney, e mais tarde lecionou em um programa para "alunos desfavorecidos" nos Estados Unidos. Andaiye voltou para casa com uma firme política feminista e marxista baseada na solidariedade. Entre suas muitas afiliações na Guiana estavam a organização de mulheres Red Thread e a Working People's Alliance.

Em 2009, quando foi convidada a fazer um discurso de formatura em sua alma mater, Andaiye era uma ativista veterana profundamente consciente do que estava em jogo nas análises políticas. E, quando ela observou que "as antigas fundações estão desmoronando, e as novas ainda não estão sendo imaginadas", não estava falando de estruturas da análise filosófica ou de padrões de discurso político. Ela estava falando do clima.

Andaiye prosseguiu explicando que "antigas suposições sobre os padrões meteorológicos e a forma como eles moldam as principais profissões não são mais válidas".[4] Eventos climáticos extremos no Caribe estavam se avolumando. Na época, a mudança climática talvez parecesse uma coisa quase sem importância para países maiores com economias avançadas, mas para os pequenos Estados insulares do Caribe já era uma crise existencial. Em 2005, o país natal de Andaiye perdeu o equivalente a 60% do seu PIB em uma única inundação que cobriu meras 25 das mais de duzentas milhas de sua costa.[5]

Crises ecológicas como essa estão agravando antigas formas de injustiça na economia mundial. Por exemplo, após a inundação na Guiana, cuidadoras e agricultores de subsistência tiveram que carregar fardos muito maiores.

O Acordo de Livre Comércio da América do Norte (Nafta) também contribuiu para injustiças de gênero. A taxa de mulheres expulsas de setores como a manufatura foi mais que o dobro da de homens, aumentando sua já desproporcional representação no precário setor informal. A maioria maciça das populações agrícolas na Dominica foi eliminada do relativamente seguro setor formal e mandadas para o setor informal. A violência racial aumentou na Guiana, a violência policial atingiu picos na Jamaica e a violência doméstica e sexual aumentou em toda a região.

Confrontados com essas crises, Andaiye disse, esses países recorreram a quem puderam para obter fundos: o FMI. E eles o fizeram apesar do fato de que pouco havia mudado desde as desastrosas políticas de ajuste estrutural da instituição financeira na década de 1970.

Em resposta, Andaiye conclamou a imaginação — não para descrever mais incisivamente as falhas da primeira ou da segunda onda de políticas, mas para superar a falta de novas soluções que forçaram a região de volta às já conhecidas não soluções disponíveis. Ela conclamou quem quisesse construir algo.

Andaiye estava em boa companhia. A acadêmica abolicionista Ruth Wilson Gilmore, em seu clássico livro *Califórnia gulag*, documenta uma profunda ironia do aumento do sistema penitenciário da Califórnia, especialmente tendo em conta o anticomunismo: os níveis históricos globais de encarceramento foram construídos através de estreita coordenação entre corporações, banqueiros e funcionários do governo — ou seja, "planejamento central". Mas Gilmore também notou um aspecto da resistência bem-sucedida de comunidades da Califórnia, como a do condado de Tulane, onde famílias rancheiras e trabalhadores agrícolas unidos pelas bandeiras da organização United Farm Workers lutaram contra o plano de construção de uma prisão. Mesmo sem a "expertise tecnocrática" dos banqueiros e do governo estadual, os ativistas propuseram "critérios alternativos de planejamento que devem preceder qualquer decisão sobre o local de uma indústria", o que Gilmore chama "planejamento de base".[6]

Andaiye e Gilmore propõem, portanto, que o planejamento crie lugares. A pergunta que o programa construtivo faz é: "Os projetos serão deles ou nossos?".

O que a abordagem construtiva quer de nós

A abordagem construtiva da política não nos pede para inventarmos uma cultura política do zero. Afinal, "construtivo" é apenas um nome. Muitas das pessoas que vieram antes de nós, inclusive as mencionadas neste livro, praticaram política construtiva sem qualquer necessidade deste termo específico para descrever o que estavam fazendo.

Um programa construtivo não nos pede para ignorarmos as nossas próprias necessidades interpessoais, simbólicas ou materiais, embora nos peça para sermos disciplinados na forma como as relacionamos com as necessidades da luta e das dezenas de pessoas e gerações que não estão imediatamente presentes. Depois de ler *Woman Power* [Poder feminino], de Cellestine Ware, Demita Frazier, do Coletivo Combahee River, lembra-se de ter chegado à conclusão de que é "direito e responsabilidade" das mulheres negras analisar a sua posição social como parte da sua perspectiva radical.[7] Penso que todos nós deveríamos aprender com isso também.

A abordagem construtiva é, no entanto, extremamente exigente. Ela nos pede que saibamos fazer planos e desenhar projetos, que sejamos responsáveis e receptivos às pessoas que ainda não estão na sala. Além de pedir que sejamos arquitetos, pede que nos tornemos construtores e operários da construção: para realmente construirmos as salas onde poderemos nos sentar juntos em vez de especularmos à toa sobre quais salas nos agradariam. Mas é importante reconhecer, ao finalizar este livro, que a abordagem construtiva também tem exigências morais e emocionais implícitas: não podemos planejar nem construir um mundo melhor sem cultivarmos coletivamente diversos tipos de disciplina moral e emocional.

A abordagem da deferência na política merece ser elogiada por sua preocupação e atenção à importância da experiência vivida — em especial experiências traumáticas. Mas, assim como essa virtude se torna um vício quando os efeitos de "estar na sala" são ignorados, também se torna um vício quando a importância e a prevalência do trauma são enquadradas como bases positivas para garantias sociais e comportamentos de deferência, em vez de serem vistas sobretudo como problemas a serem resolvidos coletivamente.

Aqui, análise científica e argumento falham. O restante do que tenho a dizer está mais para convicção do que para argumentação. Mas a vida me ensinou que a convicção tem muito a ensinar, por mais que seja expressa ou entendida de formas diferentes, e por isso eu prossigo.

Eu levo especialmente a sério as preocupações com o trauma. Cresci nos Estados Unidos, uma nação estruturada por colonialismo, escravidão racial e suas consequências, com traumas coletivos e históricos mais do que suficientes. Cresci também em uma comunidade da diáspora nigeriana, povoada por muitos que tinham o genocídio em sua memória viva.

Em nível nacional e comunitário, tenho visto traços de personalidade, peculiaridades de hábitos e ações que suspeito terem nascido dessas partes sombrias da história. Como a maioria das pessoas, eu não fui poupado. Observei e senti minha mudança em reação ao medo de perder minha dignidade ou minha vida, à dor esmagadora e à humilhação. Eu reflito frequentemente sobre esses momentos traumáticos e quase nunca penso: "Isso foi educativo".

Tais experiências podem ser, se tivermos muita sorte, blocos de construção. O que resulta delas depende de como os blocos são dispostos. Aqueles que estudam a política do conhecimento chamam isso de "tese da realização". Como esclarece a filósofa Briana Toole, por si só a localização social de uma pessoa apenas a coloca em posição de saber; o "privilégio epistêmico" ou vantagem, por outro lado, só é alcançado por meio de uma luta deliberada e coordenada a partir dessa posição.[8]

Humilhação, privação e sofrimento podem construir — sobretudo no contexto do esforço deliberado e estruturado de "desenvolvimento da consciência" que Toole destaca especificamente. Mas essas mesmas experiências também podem destruir, e se eu tivesse que apostar em qual efeito venceria com mais frequência, apostaria no efeito destrutivo.

Ao contrário dos ditos populares, a dor, nascida ou não da opressão, é má professora. O sofrimento é parcial, míope e egocêntrico. Não deveríamos ter uma política que espera resultado diferente disso. A opressão não é uma escola preparatória.

Por mais exigente que a abordagem construtiva seja, a abordagem da deferência é muito mais exigente e de uma forma muito mais injusta. Como observa corretamente a filósofa Agnes Callard, o trauma (e mesmo a raiva justificada e merecida que muitas vezes o acompanha) pode corromper tão prontamente quanto pode enobrecer.[9] Talvez até mais.

No final das contas, o ponto da política de deferência em que acredito mais profundamente é que ela exige algo do trauma que ele não pode dar. Ela pede aos traumatizados que carreguem sozinhos os fardos que devemos compartilhar coletivamente, que os levem sobre um pedestal para depois se esconderem sob eles.

Quando penso nos meus traumas, não penso em lições de vida. Penso na nobreza silenciosa da sobrevivência. O próprio fato de aqueles capítulos não terem sido os finais da minha história já é poderoso o suficiente. Pedir dessas experiências que eu ainda esteja aqui para me lembrar delas é o que basta.

Acredito também que a política de deferência exige que sejamos menos do que somos — e nem mesmo para nosso próprio benefício. Como explica o acadêmico e ativista Nick Estes no contexto da política indígena: "O que é astucioso na política do trauma é que ela transforma pessoas e lutas reais, sejam elas raciais, por cidadania indígena ou por pertencimento, numa questão de feridas. Ela define um povo inteiro principalmente pelos seus traumas e não pelas suas aspirações ou por sua pura humanidade". Essa performance não beneficia os povos indígenas — ela "é para audiências brancas ou instituições de poder".[10]

Quando penso nos meus traumas, também penso no entendimento do grande escritor James Baldwin de que as coisas que mais o atormentavam "eram as mesmas que me conectavam com todas as pessoas que estavam vivas, ou que já tinham vivido".[11]

O fato de eu ter tido minha cota de experiências traumáticas, de ter sobrevivido a abusos de vários tipos, de ter quase enfrentado a morte por circunstâncias acidentais e por violência (por mais que em contextos diferentes daqueles ao meu redor) não é uma carta a ser jogada em interações sociais gamificadas ou uma arma a ser empunhada em batalhas por prestígio. Não é o que me dá um direito especial de falar, de avaliar ou de decidir por um grupo. É uma manifestação concreta e experiencial da vulnerabilidade que me conecta à maioria das pessoas nesta terra. Esse fato, essas experiências se colocam entre mim e outras pessoas não como um muro, mas como uma ponte.

Caminhar juntos — a política de solidariedade, para a qual a deferência fornece um modelo falho — é um bom começo. Mas só isso não basta. Também temos que decidir coletivamente para onde vamos e depois fazer o que for necessário para chegar até lá. Embora partamos de diferentes níveis de privilégio ou vantagem, essa jornada não é uma questão de descobrir quem deve se curvar a quem, mas simplesmente de descobrir a melhor forma de unir forças. Assim como Paulo Freire nos mostrou na teoria, e as revoluções anticoloniais africanas e a Revolução dos Cravos nos mostraram na prática, precisaremos uns dos outros para chegar aonde queremos. E chegar lá é, afinal, o objetivo.

Agradecimentos

Como sempre, tenho um número incontável de pessoas a quem agradecer por esse trabalho.

Agradeço à minha família pelo apoio: aos meus irmãos, Ibukun e Ebun, e a meus pais, Abiola e Yetunde. A todos os Taiwo e Sokunbi e a todos os nigerianos do Cincinnati; a Abigail Higgins, aos Higgins e Kennedy.

Gostaria de agradecer à minha editora, Emma Young, e a Sam Smith, editor da Haymarket, bem como a todos aqueles que ajudaram a tornar possível a logística deste livro: Anthony Arnove, Stephanie Steiker, Suzanne Lipinska e às pessoas da KIOSK e da Africasia que disponibilizaram seu trabalho jornalístico para mim, como Simon Delobel e Mathieu Kleyebe Abonnenc. Este livro surgiu de dois ensaios publicados na *Boston Review* e no *The Philosopher*. Quero agradecer a Deb Chasman, Matt Lord e seus colaboradores em Boston, bem como a Chiara Ricciardone e Anthony Morgan e a seus colegas do *The Philosopher* pelo apoio nas versões iniciais dessa ideia, que tornou este livro possível.

Um agradecimento especial aos acadêmicos solidários cujo apoio direto e indireto possibilitou que eu estivesse aqui: AJ Julius, Daniela Dover, Melvin Rogers, Jason Stanley, Gaye Theresa Johnson e pessoas cujo trabalho, ensino ou liderança assimilei implícita ou explicitamente: Josh Armstrong, Quill Kukla, Mark Lance, Bryce Huebner, Henry Richardson. A amigos e camaradas cujos conselhos e apoio foram igualmente essenciais para a escrita: Liam Kofi Bright, Marques Vestal, Thabisile Griffin, Austin Branion, Alexis Cooke, Shelbi Nahwilet Meissner, Joel Michael "Boxcutter Joelie" Reynolds, Jeanne-Marie Jackson-Awotwi.

Às instituições e organizações com e nas quais pude aprender: The Undercommons, UAW 2865, UCLA Labor Center, LA Black Workers Center e Pan-African Community Action.

Aos nossos ancestrais morais, pois sem sua luta e seu sacrifício nada disso seria possível: aos combatentes anticoloniais, aos abolicionistas, aos trabalhadores que exigiram mais e aos ativistas que se recusaram a aceitar menos.

A todos os nossos descendentes morais e familiares, aos que ainda são jovens e aos que ainda estão por vir — com amor, esperança e solidariedade.

Notas

Introdução [pp. 19-33]

Uma versão anterior deste ensaio introdutório foi publicada como "Identity Politics and Elite Capture", *Boston Review*, 7 maio 2020. Disponível em: <https://bostonreview.net/articles/olufemi-otaiwo-identity-politics-and-elite-capture/>.

1. Amílcar Cabral, *Unity and Struggle: Speeches and Writings of Amílcar Cabral*. Nova York: New York University Press, 1979. v. 3. p. 86. [Ed. port.: *Unidade e luta*. Lisboa: Seara Nova, 1976. v. 1. As citações do livro acompanham as palavras originais do autor.]
2. Max Bearak e Rael Ombuor, "Kenyan Police Shot Dead a Teenager on His Balcony during a Coronavirus Curfew Crackdown". *The Washington Post*, 31 mar. 2020. Disponível em: <https://www.washingtonpost.com/world/africa/kenyan-police-shot-dead-a-teenager-on-his-balcony-during-a-coronavirus-curfew-crackdown/2020/03/31/-6344c70e-7350-11ea-ad9b-254ec99993bc_story.html>.
3. Jorge Valencia, "Black Lives Matter Protests Renew Parallel Debates in Brazil, Colombia". *The World*, 15 jun. 2020. Disponível em: <https://theworld.org/stories/2020/06/15/black-lives-matter-protestsrenew-parallel-debates-brazil-colombia>.
4. "Demonstrators in Brazil Protest against Crimes Committed by Police". *VOA News*, 1 jun. 2020. Disponível em: <https://www.voanews.com/a/americas_demonstrators-brazil-protest-againstcrimes-committed-police/6190251.html>.
5. César Muñoz, "Brazil Suffers Its Own Scourge of Police Brutality". *Human Rights Watch*, 3 jun. 2020. Disponível em: <https://www.hrw.org/news/2020/06/03/brazil-suffers-its-own-scourge-police-brutality>.
6. "Rio Violence: Police Killings Reach Record High in 2019". *BBC News*, 23 jan. 2020. Disponível em: <https://www.bbc.com/news/world-latin-america-51220364>.

7. Larry Buchanan, Quoctrung Bui e Jugal K. Patel, "Black Lives Matter May Be the Largest Movement in U.S. History". *The New York Times*, 3 jul. 2020. Disponível em: <https://www.nytimes.com/interactive/2020/07/03/us/george-floyd-protests-crowd-size.html>; Dudley L. Poston Jr., "3 Ways That the U.S. Population Will Change over the Next Decade". *PBS NewsHour*. Disponível em: <https://www.pbs.org/newshour/nation/3-ways-that-the-u-s-population-will-change-over-the-next-decade>.
8. Jen Kirby, "'Black Lives Matter' Has Become a Global Rallying Cry". *Vox*, 12 jun. 2020. Disponível em: <https://www.vox.com/2020/6/12/21285244/black-lives-matter-global-protests-george-floyd-uk-belgium>.
9. "Nigeria's Lekki Shooting: What Has Happened so Far at Lagos Judicial Panel". *BBC News*, 27 nov. 2020. Disponível em: <https://www.bbc.com/news/world-africa-55099016>.
10. Eu exploro essa questão com mais profundidade em meu livro *Reconsidering Reparations: Worldmaking in the Case of Climate Crisis*. Nova York: Oxford University Press, 2021; Kwame Nkrumah, "Neo--Colonialism: The Last Stage of Imperialism". *Science & Society*, Nova York, v. 31, n. 1, pp. 78-81, 1967; Fanny Pigeaud e Ndongo Samba Sylla, "Africa's Last Colonial Currency: The CFA Franc Story". Londres: Pluto, 2021.
11. David Malpass, "June 18, 2020: Ending Racism". *Voices*, 18 jun. 2020. Disponível em: <https://blogs.worldbank.org/voices/june-18 2020-ending-racism>; Chris Cannito, "UN Human Rights Council Holds Historic Hearings on Racism in US". *Nonprofit Quarterly*, 22 jun. 2020. Disponível em: <https://nonprofitquarterly.org/unhuman-rights-council-holds-historic-hearings-on-racism-in-us/>.
12. Roberto Lovato, "The Age of Intersectional Empire Is Upon Us". *The Nation*, 10 maio 2021. Disponível em: <https://www.thenation.com/article/politics/cia-video-intersectional/>.
13. Talia Lavin, "The right-wing freakout about 'critical race theory' began in the 1960s". *MSNBC*, 22 jun. 2021. Disponível em: <https://www.msnbc.com/opinion/right-wing-freakout-about-critical-racetheory-began-1960s-n1271670>; Kevin M. Kruse, "The Trump Administration's Thinly-Veiled Rebuke of 'The 1619 Project' is a Sloppy, Racist Mess". *MSNBC*, 20 jan. 2021. Disponível em: <https://www.msnbc.com/opinion/trump-administration-s-thinly-veiledrebuke-1619-project-sloppy-racist-n1254807>.

14. Amy Cassidy e Tara John, "UN Condemns 'Reprehensible' UK Race Report for Repackaging 'Racist Tropes into Fact,'". *CNN*, 19 abr. 2021. Disponível em: <https://www.cnn.com/2021/04/19/uk/unuk-race-report-intl-gbr/index.html>; Tara John, "Culture Wars Give Boris Johnson and His Government a Quick and Easy High. They're No Substitute for Governing". *CNN*, 4 abr. 2021. Disponível em: <https://www.cnn.com/2021/04/04/uk/uk-race-report-culture-wars-intl-gbr/index.html>.
15. Ashley Bohrer, "Intersectionality and Marxism: A Critical Historiography". *Historical Materialism*, v. 26, n. 2, pp. 46-74, 2018, p. 60.
16. Dominic Gustavo, "'Humans of CIA' Recruitment Campaign Sells Youth 'Identity Politics Imperialism'". *World Socialist Web Site*, 20 maio 2021. Disponível em: <https://www.wsws.org/en/articles/2021/05/20/ciar-m20.html>.
17. Duchess Harris, "From the Kennedy Commission to the Combahee Collective". In: Bettye Collier-Thomas e V. P. Franklin (Orgs.), *Sisters in the Struggle: African American Women in the Civil Rights-Black Power Movement*. Nova York: New York University Press, 2001, pp. 280-305.
18. Ibid.
19. Keeanga-Yamahtta Taylor, *How We Get Free: Black Feminism and the Combahee River Collective*. Chicago: Haymarket, 2017, pp. 5-6. (Ênfase minha.)
20. Terrell Jermaine Starr, "Barbara Smith, Who Helped Coin the Term 'Identity Politics', Endorses Bernie Sanders". *The Root*, 3 fev. 2020. Disponível em: <https://www.theroot.com/barbara-smith-who-helped-coin-the-term-identity-politi-1841419291>; Barbara Smith, "I Helped Coin the Term 'Identity Politics'. I'm Endorsing Bernie Sanders". *The Guardian*, 10 fev. 2020. Disponível em: <http://www.theguardian.com/commentisfree/2020/feb/10/identity-politics-bernie-sanders-endorsement>.
21. Keeanga-Yamahtta Taylor, *How We Get Free: Black Feminism and the Combahee River Collective*. Chicago: Haymarket, 2017, pp. 107-9.
22. T. J. Starr, "Barbara Smith, Who Helped Coin the Term 'Identity Politics', Endorses Bernie Sanders", op. cit.
23. Asad Haider, "Identity Politics". In: ______, *Mistaken Identity: Race and Class in the Age of Trump*, 1. Nova York: Verso, 2018, pp. 7-26.

[Ed. bras.: *Armadilha da identidade: Raça e classe nos dias de hoje*. Trad. de Leo Vinícius Liberato. São Paulo: Veneta, 2019.]

24. Marie Moran, "(Un) Troubling Identity Politics: A Cultural Materialist Intervention". *European Journal of Social Theory*, v. 23, n. 2, pp. 258-77, 2020; Linda Martín Alcoff, "The Political Critique". In: ______, *Visible Identities: Race, Gender, and the Self*, 2. Oxford: Oxford University Press, 2005, pp. 20-46.

25. Tess Bonn, "Saagar Enjeti Laments Use of Identity Politics in 2020 Democratic Race". *The Hill*, 26 nov. 2019. Disponível em: <https://thehill.com/hilltv/rising/472191-saagar-enjeti-laments-use-of-identity-politics-in-2020-democratic-race/>.

26. Michael C. Dawson, *Blacks in and out of the Left*. Cambridge, MA: Harvard University Press, 2013, p. 194.

27. Adom Getachew, *Worldmaking after Empire: The Rise and Fall of Self-Determination*. Princeton, NJ: Princeton University Press, 2019.

1. O que é a captura pela elite? [pp. 35-54]

1. Tony Platt, "E. Franklin Frazier Reconsidered". *Social Justice*, v. 16, n. 4, pp. 186-95, 1989; Malik Simba, "E. Franklin Frazier (1894-1962)". *Black Past*, 19 jan. 2007. Disponível em: <https://www.blackpast.org/african-american-history/frazier-e-franklin-1894-1962/>; Arthur P. Davis, "E. Franklin Frazier (1894-1962): A Profile". *Journal of Negro Education*, v. 31, n. 4, pp. 429-35, 1962.

2. Tony Platt e Susan Chandler, "Constant Struggle: E. Franklin Frazier and Black Social Work in the 1920s". *Social Work*, v. 33, n. 4, pp. 293-7, 1988.

3. O livro de Frazier, *The Negro Family in the United States* (Chicago: The University of Chicago Press, 1939), foi um relato sociológico amplamente aclamado da vida negra estadunidense. Ver Randal Maurice Jelks e Ayesha K. Hardison, "Black Love after E. Franklin Frazier: An Introduction". *Women, Gender, and Families of Color*, v. 7, n. 2, pp. 108-12, 2019.

4. Lori Martin, "Africana Demography: Lessons from Founders E. E. Franklin Frazier, W. E. B. Du Bois, and the Atlanta School of Sociology". *Issues in Race and Society*, v. 8, pp. 5-28, 2019; Earl Wright e Thomas C. Calhoun, "Jim Crow Sociology: Toward an

Understanding of the Origin and Principles of Black Sociology via the Atlanta Sociological Laboratory". *Sociological Focus*, v. 39, n. 1, pp. 1-18, 2006.

5. Frantz Fanon, *The Wretched of the Earth*. Trad. para o inglês de Constance Farrington. Nova York: Grove, 1963, pp. 149-51. [Ed. bras.: *Os condenados da terra*. Trad. de Ligia Fonseca Ferreira e Regina Salgado Campos. São Paulo: Zahar, 2022. As citações da obra neste livro acompanham essa tradução para o português.]
6. Ibid., p. 148.
7. Frantz Fanon, "The Trials and Tribulations of National Consciousness". In: ______, *The Wretched of the Earth*, op. cit., pp. 97-144.
8. Kwame Nkrumah, *Neo-Colonialism: The Last Stage of Imperialism*. Nova York: International Publishers, 1966.
9. Bernard Magubane e Georges Nzongola-Ntalaja (Orgs.), *Proletarianization and Class Struggle in Africa*. São Francisco: Synthesis Publications, [1983], p. 57.
10. Frantz Fanon, *Wretched of the Earth*. Trad. para o inglês de Richard Philcox. Nova York: Grove, 2004, pp. 97-144. [Ed. bras.: *Os condenados da terra*. Trad. de Ligia Fonseca Ferreira e Regina Salgado Campos. São Paulo: Zahar, 2022. As citações da obra neste livro acompanham essa tradução para o português.]
11. E. Franklin Frazier, *Black Bourgeoisie*. Nova York: Free Press, 1997, p. 104.
12. E. Franklin Frazier, "Negro Business: A Social Myth". In: Ibid., pp. 153-73.
13. E. Franklin Frazier, *Black Bourgeoisie*, op. cit., p. 235.
14. Ibid., p. 236.
15. Jared A. Ball, *The Myth and Propaganda of Black Buying Power*. Nova York: Springer, 2020.
16. Jared A. Ball, "Introduction". In: Ibid., pp. 1-10.
17. Jo Freeman, "The Tyranny of Structurelessness". Disponível em: <https://www.jofreeman.com/joreen/tyranny.htm>. [Trad. em português disponível em https://jacobin.com.br/2020/03/a-tirania-das-organizacoes-sem-estrutura/].
18. Para exemplos, ver Monica Martinez-Bravo, Priya Mukherjee e Andreas Stegmann, "The Non-Democratic Roots of Elite Capture: Evidence from Soeharto Mayors in Indonesia". *Econometrica*, v. 85, n. 6, pp. 1991-2010, 2017; Pranab K. Bardhan e Dilip Mookherjee, "Capture and Governance at Local and National Levels". *American*

Economic Review, v. 90, n. 2, pp. 135-39, 2000; Daron Acemoglu e James A. Robinson, "Persistence of Power, Elites, and Institutions". *American Economic Review*, v. 98, n. 1, pp. 267-93, 2008.

19. Diya Dutta, "Elite Capture and Corruption: Concepts and Definitions". *National Council of Applied Economic Research*, 2009, p. 4.
20. Ibid., p. 5.
21. Wendy Brown, "Neo-Liberalism and the End of Liberal Democracy". *Theory and Event*, v. 7, n. 1, 2003; Tyler Stovall, *White Freedom: The Racial History of an Idea*. Princeton, NJ: Princeton University Press, 2021.
22. Keeanga-Yamahtta Taylor, *From#BlackLivesMatter to Black Liberation*. Chicago: Haymarket, 2016, p. 100. [Ed. bras.: *#VidasNegrasImportam e libertação negra*. Trad. de Thalita Bento. São Paulo: Elefante, 2020.]
23. Citado em David Farber, *Crack: Rock Cocaine, Street Capitalism, and the Decade of Greed*. Cambridge, Reino Unido: Cambridge University Press, 2019, p. 144.
24. Ryan Devereaux, "Managing a Nightmare: How the CIA Watched Over the Destruction of Gary Webb". *The Intercept*, 25 set. 2014. Disponível em: <https://theintercept.com/2014/09/25/managing-nightmare-cia-media-destruction-gary-webb>.
25. Neil Fligstein e Linda Markowitz, "Financial Reorganization of American Corporations in the 1980s". *Sociology and the Public Agenda*, pp. 185-206, 1993; Neil Fligstein e Taek-Jin Shin, "The Shareholder Value Society: A Review of the Changes in Working Conditions and Inequality in the United States, 1976 to 2000". *Social Inequality*, pp. 401-32, 2004; Samuel Knafo e Sahil Jai Dutta, "The Myth of the Shareholder Revolution and the Financialization of the Firm". *Review of International Political Economy*, v. 27, n. 3, pp. 476-99, 2020; Peter Nolan, Jin Zhang e Chunhang Liu, "The Global Business Revolution, the Cascade Effect, and the Challenge for Firms from Developing Countries". *Cambridge Journal of Economics*, v. 32, n. 1, pp. 42-3, 2008.
26. Doug Henwood, "Take Me to Your Leader: The Rot of the American Ruling Class". *Jacobin*, 27 abr. 2021. Disponível em: <https://jacobinmag.com/2021/04/take-me-to-your-leader-the-rot-ofthe-american-ruling-class>.
27. Knafo e Dutta argumentam, juntamente com uma análise anterior de Neil Fligstein e contra grande parte da literatura disponível, que

a revolução acionista dos anos 1980 foi uma fase de um longo arco de grandes mudanças na governança corporativa. A citação nesta seção vem da análise de Nolan, Zhang e Liu. S. Knafo e S. J. Dutta, "The Myth of the Shareholder Revolution and the Financialization of the Firm", op. cit.; P. Nolan, J. Zhang e C. Liu, "The Global Business Revolution, the Cascade Effect, and the Challenge for Firms from Developing Countries", op. cit., p. 43.

28. Benjamin P. Edwards, "Arbitration's Dark Shadow". *Nevada Law Journal*, v. 18, pp. 427-36, 2017.

29. Ndongo Samba Sylla e Daniela Gabor, "Planting Budgetary Time Bombs in Africa: The Macron Doctrine En Marche". *CADTM*, 14 jan. 2021. Disponível em: <https://www.cadtm.org/Planting-budgetary-time-bombs-in-Africa-the-Macron-Doctrine-En-Marche>.

30. Karen Hao, "Troll Farms Reached 140 Million Americans a Month on Facebook before 2020 Election, Internal Report Shows". *MIT Technology Review*, 16 set. 2021. Disponível em: <https://www.technologyreview.com/2021/09/16/1035851/facebook-troll-farms-reportus-2020-election/>.

31. Daniel Tetteh Osabu-Kle, "The Politics of One-Sided Adjustment in Africa". *Journal of Black Studies*, v. 30, n. 4, pp. 515-33, 2000; Jason Hickel, "Apartheid in the World Bank and the IMF". *Al Jazeera*, 26 nov. 2020. Disponível em: <https://www.aljazeera.com/opinions/2020/11/26/it-is-time-to-decolonise-the-world-bank-and-the-imf>; Ngaire Woods, "Unelected Government: Making the IMF and the World Bank More Accountable". *Brookings*, 1 abr. 2003. Disponível em: <https://www.brookings.edu/articles/unelectedgovernment-making-the-imf-and-the-world-bank-more-accountable/>.

32. York W. Bradshaw e Jie Huang, "Intensifying Global Dependency: Foreign Debt, Structural Adjustment, and Third World Underdevelopment". *Sociological Quarterly*, v. 32, n. 3, pp. 321-42, 1991; Issa G. Shivji, "Samir Amin on Democracy and Fascism". *Agrarian South: Journal of Political Economy*, v. 9, n. 1, pp. 12-32, 2020.

33. Keston Perry, "Realising Climate Reparations: Towards a Global Climate Stabilization Fund and Resilience Fund Programme for Loss and Damage in Marginalised and Former Colonised Societies". *Social Science Research Network*, 2020.

34. J. Hickel, "Apartheid in the World Bank and the IMF", op. cit.

35. Thea Riofrancos, *Resource Radicals: From Petro-nationalism to Post--Extractivism in Ecuador*. Durham, NC: Duke University Press, 2020.

36. I. G. Shivji, "Samir Amin on Democracy and Fascism", op. cit., p. 13.
37. Wolfgang Streeck, *How Will Capitalism End?: Essays on a Failing System*. Londres: Verso, 2016, p. 20.
38. Stephen Ferguson, *Philosophy of African American Studies: Nothing Left of Blackness*. Nova York: Springer, 2015, p. 36.
39. Angela Y. Davis, "The Anti-slavery Movement and the Birth of Women's Rights" e "Class and Race in the Early Women's Rights Campaign". In: ______, *Women, Race, and Class*, 2 e 3. Nova York: Vintage, 1983, pp. 30-69. [Ed. bras: "O movimento antiescravagista e a origem dos direitos das mulheres" e "Classe e raça no início da campanha pelos direitos das mulheres". In: *Mulheres, raça e classe*, 2 e 3. Trad. de Heci Regina Candiani. São Paulo: Boitempo, 2016, pp. 43-78.]
40. Essa afirmação talvez seja a mais famosa feita por Angela Davis em *Mulheres, raça e classe*, mas tem sido debatida por décadas desde então. Para uma análise que vincula o relato de Frazier ao patriarcado, consulte Anastasia Curwood, "A Fresh Look at E. Franklin Frazier's Sexual Politics in 'The Negro Family in the United States'". *Du Bois Review: Social Science Research on Race*, v. 5, n. 2, pp. 325-37, 2008; para uma defesa de Frazier, consulte Clovis E. Semmes, "E. Franklin Frazier's Theory of the Black Family: Vindication and Sociological Insight". *The Journal of Sociology & Social Welfare*, v. 28, n. 2, pp. 3-21, 2001.
41. Michael C. Dawson, *Blacks in and out of the Left*, op. cit.
42. Shannon Keating, "You Wanted Same-Sex Marriage? Now You Have Pete Buttigieg". *BuzzFeed News*, 11 dez. 2019. Disponível em: <https://www.buzzfeednews.com/article/shannonkeating/pete-buttigieg-marriage-equality-lgbtq-gay-rights>.
43. Barbara Smith, "Barbara Smith: Why I Left the Mainstream Queer Rights Movement". *The New York Times*, 19 jun. 2019. Disponível em: <https://www.nytimes.com/2019/06/19/us/barbara-smith-blackqueer-rights.html>.

2. Ler a sala [pp. 55-83]

1. Robert Franklin Durden, "In the Shadow of Slavery". In: ______, *The Life of Carter G. Woodson: Father of African-American History*. Nova York: Enslow, 2014, pp. 8-19.

2. Ibid.
3. Ibid.; W. E. B. Du Bois, *Black Reconstruction in America: Toward a History of the Part Which Black Folk Played in the Attempt to Reconstruct Democracy in America, 1860-1880*. Nova York: Harcourt, 1935; Guy Emerson Mount, "When Slaves Go on Strike: W. E. B. Du Bois's Black Reconstruction 80 Years Later". *Black Perspectives*, 28 dez. 2015. Disponível em: <https://www.aaihs.org/when-slaves-goon-strike/>.
4. Jarvis R. Givens, *Fugitive Pedagogy*. Cambridge, MA: Harvard University Press, 2021, p. 4.
5. Robert Franklin Durden, "Student, Teacher, Traveler". In: ______, *The Life of Carter G. Woodson: Father of African-American History*. Nova York: Enslow, 2014, pp. 20-5.
6. Ibid.
7. "Major Landmarks in the Progress of African Americans in Higher Education". *The Journal of Blacks in Higher Education*. Disponível em: <https://jbhe.com/chronology/>.
8. Robert Franklin Durden, "Launching Negro History Week". In: ______, *The Life of Carter G. Woodson: Father of African-American History*, 6. Nova York: Enslow, 2014, pp. 47-63; Robert F. Schwarzwalder Jr., "Francis J. Grimke: Prophet of Racial Justice, Skeptic of American Power". University of Aberdeen, 2021. (Tese de doutorado.) Disponível em: <https://librarylink.regent.edu/francis-j-grimke-prophet-of-racial-justice-skeptic-of-american-power/>.
9. Daryl Michael Scott, "The History of Black History Month". *Black Past*, 14 jan. 2010. Disponível em: <https://www.blackpast.org/african-american-history/history-black-history-month/>.
10. J. R. Givens, *Fugitive Pedagogy*, op. cit.
11. D. M. Scott, "The History of Black History Month", op. cit.
12. Este termo é de Herb Clark; ver seu livro *Using Language*. Cambridge, Reino Unido: Cambridge University Press, 1996.
13. Robert Stalnaker, *Context*. Oxford: Oxford University Press, 1966, pp. 68, 78.
14. Ibid. e também Robert Stalnaker, "Common Ground". *Linguistics and Philosophy*, v. 25, pp. 701-21, 2002.
15. Ver Olúfẹ́mi O. Táíwò, "The Empire Has No Clothes". *Disputatio* 51, pp. 305-30, 2018.
16. Kelly F. Austin, "Degradation and Disease: Ecologically Unequal Exchanges Cultivate Emerging Pandemics". *World Development*, v. 137,

pp. 105-63, 2021; John Langshaw Austin, "Performative Utterances". In: James Opie Urmson e Geoffrey James Warnock (Orgs.), *Philosophical Papers*. Oxford: Clarendon Press, 1961; Rebecca Kukla e Mark Norris Lance, *'Yo!' and 'Lo!': The Pragmatic Topography of the Space of Reasons*. Cambridge, MA: Harvard University Press, 2009.

17. David Lewis, "Scorekeeping in a Language Game". *Journal of Philosophical Logic*, v. 8, n. 1, pp. 339-59, 1979.

18. Ibid., p. 340.

19. Miranda Fricker, *Epistemic Injustice: Power and the Ethics of Knowing*. Oxford: Oxford University Press, 2007.

20. Tommie Shelby, "Ideology, Racism, and Critical Social Theory". *Philosophical Forum*, v. 34, n. 2, pp. 153-88, 2003.

21. Robin D. G. Kelley, "'We Are Not What We Seem': Rethinking Black Working-Class Opposition in the Jim Crow South". *Journal of American History*, v. 80, n. 7, pp. 75-112, 1993; James C. Scott, *Domination and the Arts of Resistance: Hidden Transcripts*. New Haven: Yale University Press, 1990.

22. Gerald Vizenor, *Shadow Distance: A Gerald Vizenor Reader*. Middletown, CT: Wesleyan University Press, 1994; Goran Gumze, *Capoeira: Influences on Depression, Aggression and Violence in Salvador*. Nova Gorica: Universidade de Nova Gorica, 2014. 315 pp. Tese (Doutorado em Antropologia Médica), p. 32.

23. Carol Hanisch, "The Personal Is Political". Disponível em: <https://www.carolhanisch.org/CHwritings/PIP.html>.

24. Carter G. Woodson, *The Mis-Education of the Negro*. Middletown, CT: Tribeca, 2016, p. 4. [Ed. bras.: *A des-educação do negro*. Trad. de Carlos Alberto Medeiros. São Paulo: Penguin, 2021. As citações da obra neste livro acompanham essa tradução para o português.]

25. Carter G. Woodson, "How We Drifted Away from the Truth". In: Ibid.

26. C. Thi Nguyen, "Layers of Agency" e "Gamification and Value Capture". In: *Games: Agency as Art*, 3 e 9. Oxford: Oxford University Press, 2018, pp. 52-73, 189-215.

27. Noam Scheiber, "How Uber Uses Psychological Tricks to Push Its Drivers' Buttons". *The New York Times*, 2 abr. 2017. Disponível em: <https://www.nytimes.com/interactive/2017/04/02/technology/uber-drivers-psychological-tricks.html>.

28. John Holden, "Big Companies Get Involved in Big Brother-Style Monitoring of Staff". *The Irish Times*, 18 ago. 2014. Disponível em: <https://www.irishtimes.com/business/big-companies-get-involved-in-big-brother-style-monitoring-of-staff-1.1898170>; Sara Ashley O'Brien, "What It's Really Like to Be an Amazon Warehouse Worker during Prime Day". *CNN*, 21 jun. 2021. Disponível em: <https://edition.cnn.com/2021/06/21/tech/workers-amazon-prime-day/index.html>.
29. C. Thi Nguyen, "Gamification and Value Capture", op. cit., pp. 189-215.
30. David Lewis, "Scorekeeping in a Language Game", op. cit., pp. 344-6.
31. Abigail Higgins e Olúfẹ́mi O. Táíwò, "Enforcing Eviction". *The Nation*, 20 ago. 2020. Disponível em: <www.thenation.com/article/society/police-eviction-housing>.
32. Ver Elizabeth Anderson, *Private Government: How Employers Rule Our Lives (and Why We Don't Talk about It)*. Princeton, NJ: Princeton University Press, 2017.
33. Arlie Russell Hochschild, *The Managed Heart: Commercialization of Human Feeling*. Berkeley: University of California Press, 1979.
34. Molly Jackman, "ALEC's Influence over Lawmaking in State Legislatures". *Brookings*, 6 dez. 2013. Disponível em: <www.brookings.edu/articles/alecs-influence-over-lawmaking-in-state-legislatures>; Alexander C. Kaufman, "4 More States Propose Harsh New Penalties For Protesting Fossil Fuels". *HuffPost*, 20 fev. 2021. Disponível em: <www.huffpost.com/entry/fossil-fuel-protest_n_602c1ff6c5b6c95056f3f6af>; Alexander C. Kaufman, "Yet Another State Quietly Moves to Criminalize Fossil Fuel Protests Amid Coronavirus". *HuffPost*, 8 maio 2020. Disponível em: <https://www.huffpost.com/entry/alabama-fossil-fuel-pipeline-protest-criminalize_n_5eb590b4c5b6197b8461d550>.
35. George J. Stigler, "The Theory of Economic Regulation". *The Bell Journal of Management Science*, v. 2, n. 1, pp. 3-21, 1971; Ernesto Dal Bó, "Regulatory Capture: A Review". *Oxford Review of Economic Policy*, v. 22, n. 2, pp. 203-25, 2006.
36. "Shell Sued in UK for 'Decades of Oil Spills' in Nigeria". *Al Jazeera*, 22 nov. 2016. Disponível em: <www.aljazeera.com/news/2016/11/22/shell-sued-in-uk-for-decades-of-oil-spills-in-nigeria>; Ike Okonta e

Oronto Douglas, *Where Vultures Feast: Shell, Human Rights, and Oil in the Niger Delta*. Londres: Verso, 2001.

37. Enegide Chinedu e Chukwuma Kelechukwu Chukwuemeka, "Oil Spillage and Heavy Metals Toxicity Risk in the Niger Delta, Nigeria"; Abdurafiu Olaiya Noah et al., "Corporate environmental accountability in Nigeria: an example of regulatory failure and regulatory capture". *Journal of Accounting in Emerging Economies*, v. 11, n. 1, pp. 70-93, 2021. Disponível em: <https://doi.org/10.1108/JAEE-02-2019-0038>; Bukola Adebayo, "Major New Inquiry into Oil Spills in Niger Delta Launched". *CNN*, 26 mar. 2019. Disponível em: <https://www.cnn.com/2019/03/26/africa/nigeria-oil-spill-inquiry-intl/index.html>.
38. Davide Calenda e Albert Meijer, "Political Individualization: New Media as an Escape from Family Control over Political Behavior". *Information, Communication & Society*, v. 14, n. 5, pp. 660-83, 2011.
39. C. G. Woodson, *The Mis-Education of the Negro*, op. cit., pp. 20-1.
40. Saray Ayala, "Speech Affordances: A Structural Take on How Much We Can Do with Our Words". *European Journal of Philosophy*, v. 24, n. 4, pp. 879-91, 2016; Olúfẹ́mi O. Táíwò, "The Empire Has No Clothes". *Disputatio 51*, pp. 305-30, 2018.
41. Saray Ayala, "Speech Affordances: A Structural Take on How Much We Can Do with Our Words", op. cit.; Kristie Dotson, "Conceptualizing Epistemic Oppression". *Social Epistemology*, v. 28, n. 2, pp. 115-38, 2014.
42. Ver Rebecca Kukla e Mark Norris Lance, *'Yo!' and 'Lo!': The Pragmatic Topography of the Space of Reasons*. Cambridge, MA: Harvard University Press, 2009.

3. Estar na sala [pp. 84-108]

Uma versão anterior deste ensaio foi publicada como "Being-in--the-Room Privilege: Elite Capture and Epistemic Difference". *The Philosopher*, v. 108, n. 4, outono 2020. Disponível em: <https://www.thephilosopher1923.org/essay-taiwo>.

1. Walter Rodney, *How Europe Underdeveloped Africa*. Londres: Bogle--L'Ouverture, 1972. [Ed. bras.: *Como a Europa subdesenvolveu a África*. Trad. de Heci Regina Candiani. São Paulo: Boitempo, 2022. As

citações da obra neste livro acompanham essa tradução para o português.]

2. In: Amílcar Cabral, *Return to the Source: Selected Speeches of Amílcar Cabral*. Nova York: Monthly Review, 1973, p. 51. [Ed. bras.: In: Carlos Comitini, *Amílcar Cabral: A arma da teoria*. Rio de Janeiro: Codecri, 1980. As citações do livro acompanham as palavras originais do autor.]
3. George E. Brooks, "Cabo Verde: Gulag of the South Atlantic: Racism, Fishing Prohibitions, and Famines". *History in Africa*, v. 33, pp. 101-35, 2006, p. 101. Disponível em: <https://doi.org/10.1353/hia.2006.0008>.
4. Lilica Boal, "Mulheres de Abril: Testemunho de Lilica Boal". *Esquerda*, 24 nov. 2019. Disponível em: <https://www.esquerda.net/artigo/mulheres-de-abril-testemunho-de-lilica-boal/64575>.
5. G. E. Brooks, "Cabo Verde: Gulag of the South Atlantic: Racism, Fishing Prohibitions, and Famines", op. cit., p. 134.
6. Ibid., pp. 107, 111.
7. Ibid., p. 107.
8. Ibid., pp. 107-11.
9. Alexander Keese, "Managing the Prospect of Famine: Cape Verdean Officials, Subsistence Emergencies, and the Change of Elite Attitudes During Portugal's Late Colonial Phase, 1939-1961". *Itinerario*, v. 36, n. 1, pp. 49-70, 2012, p. 51.
10. L. Boal, "Mulheres de Abril: Testemunho de Lilica Boal", op. cit.
11. Ibid.
12. Ibid.
13. Ibid.
14. Ibid.
15. Ibid.
16. Ibid.; António Tomás, *Amílcar Cabral: The Life of a Reluctant Nationalist*. Londres: Hurst, 2021, pp. 127-8.
17. World Health Organization, "1 in 3 People Globally Do Not Have Access to Safe Drinking Water: Unicef, WHO". 18 jun. 2021. Disponível em: <https://www.who.int/news/item/18-06-2019-1-in-3-people-globally-do-not-have-access-to-safe-drinkingwater-unicef-who>; United Nations, "Affordable Housing Key for Development and Social Equality, UN Says on World Habitat Day". 2 out. 2017. Disponível em: <https://news.un.org/en/

story/2017/10/567552-affordable-housing-key-development-and-social-equality-un-says-world-habitat>.

18. Briana Toole, "Demarginalizing Standpoint Epistemology". *Episteme*, v. 19, n. 1, pp. 47-65, 2022; Briana Toole, "From Standpoint Epistemology to Epistemic Oppression". *Hypatia*, v. 34, n. 4, pp. 598-618, 2019; "Feminist Standpoint Theory". *Internet Encyclopedia of Philosophy*. Disponível em: <https://iep.utm.edu/fem-stan/>.
19. Liam Kofi Bright, "Empiricism Is a Standpoint Epistemology". *The Sooty Empiric*, jun. 2018. Disponível em: <https://sootyempiric.blogspot.com/2018/06/empiricism-is-standpoint-epistemology.html>.
20. Priscilla Frank, "Touching Animation Recounts Story of Obama's 'Fired Up, Ready To Go' Chant". *HuffPost*, 19 jan. 2017. Disponível em: <https://www.huffpost.com/entry/animated-film-obama-fired-up_n_5880ebd4e4b0e3a73567767e>; Byron Tau, "The Story of 'Fired up! Ready to Go'". *Politico*, 4 abr. 2012. Disponível em: <https://www.politico.com/blogs/politico44/2012/04/the-story-offired-up-ready-to-go-119612>; Jeff Zeleny e Michael M. Grynbaum, "Obama Wins South Carolina Primary". *The New York Times*, 26 jan. 2008. Disponível em: <https://www.nytimes.com/2008/01/26/us/politics/26cnd-carolina.html>.
21. Jesse Lee, "Fired Up? Ready to Go?". 13 set. 2009. Disponível em: <https://obamawhitehouse.archives.gov/blog/2009/09/13/fired-ready-go>.
22. Jo Freeman, "The Tyranny of Structurelessness". Disponível em: <https://www.jofreeman.com/joreen/tyranny.htm>. [Trad. em português disponível em <https://jacobin.com.br/2020/03/a-tirania-das-organizacoes-sem-estrutura/>.
23. Ibid.
24. Stephen Rohde, "The United States: A Model for the Nazis". *Los Angeles Review of Books*, 3 set. 2017. Disponível em: <https://lareviewofbooks.org/article/the-united-states-a-model-for-the-nazis/>; James Q. Whitman, *Hitler's American Model: The United States and the Making of Nazi Race Law*. Princeton, NJ: Princeton University Press, 2017.
25. "Forty Percent of Nigerians Live below the Poverty Line: Report". *Al Jazeera*, 4 maio 2020. Disponível em: <https://www.aljazeera.com/economy/2020/5/4/forty-percent-of-nigerians-live-below-the-poverty-line-report>; "The Most Successful Ethnic Group in the

U.S. May Surprise You". *OZY*, 6 jan. 2018. Disponível em: <https://www.ozy.com/around-the-world/the-most-successful-ethnic-group-in-the-u-s-may-surprise-you/86885/>; Leslie Casimir, "Data Show Nigerians the Most Educated in the U.S.". *Chron*, 20 maio 2008. Disponível em: <https://www.chron.com/news/article/Data-show-Nigerians-the-most-educated-in-the-U-S-1600808.php>.

26. Ver Olúfẹ́mi O. Táíwò, "Being-in-the-Room Privilege: Elite Capture and Epistemic Difference". *The Philosopher*, v. 108, n. 4, outono 2020.

27. Robert K. Merton, "The Matthew Effect in Science: The Reward and Communication Systems of Science Are Considered". *Science*, v. 159, n. 3810, pp. 56-63, 1968; Paul D. Allison, J. Scott Long e Tad K. Krauze, "Cumulative Advantage and Inequality in Science". *American Sociological Review*, pp. 615-25, 1982; Robert J. Sampson e John H. Laub, "A Life-Course Theory of Cumulative Disadvantage and the Stability of Delinquency". *Developmental Theories of Crime and Delinquency*, v. 7, pp. 133-61, 1997.

28. Amílcar Cabral, "National Liberation and Culture". *Transition*, n. 45, pp. 12-7, 1974. [Ed. bras. in: Carlos Comitini, *Amílcar Cabral: A arma da teoria*. Rio de Janeiro: Codecri, 1980. As citações do livro acompanham as palavras originais do autor.]

29. Ibid.

4. Construindo uma nova casa [pp. 109-38]

1. Amílcar Cabral, *Análise de alguns tipos de resistência: Edição do PAIGC*. Bolama, Guiné-Bissau: Imprensa Nacional, 1979. Minha tradução disponível em: <http://www.cd25a.uc.pt/media/pdf/Biblioteca%20digital/Nreg%200715_%20Amilcar%20Cabral_Analise%20se%20alguns%20tipos%20de%20resistencia.pdf>. [Ed. bras.: *Análise de alguns tipos de resistência*. São Paulo: Autonomia Literária, 2024.]

2. Richard Shaull em prefácio a Paulo Freire, *Pedagogy of the Oppressed: 30th Anniversary Edition*. Trad. para o inglês de Myra Bergman Ramos. Nova York: Continuum, 2000, p. 30.

3. Paulo Freire, *Letters to Cristina: Reflections on My Life and Work*. Londres: Routledge, 2016, p. 21. [Ed. bras.: *Cartas a Cristina: Reflexões*

sobre minha vida e minha práxis. São Paulo: Paz e Terra, 2020. As citações do livro acompanham as palavras originais do autor.]

4. Ibid.
5. P. Freire, *Pedagogy of the Oppressed*, op. cit., p. 35 [Ed. bras.: *Pedagogia do oprimido*. São Paulo: Paz e Terra, 2019. As citações do livro acompanham as palavras originais do autor]; Anthony W. Pereira, "The US Role in the 1964 Coup in Brazil: A Reassessment". *Bulletin of Latin American Research*, v. 37, n. 1, pp. 5-17, 2018.
6. P. Freire, *Pedagogy of the Oppressed*, 2, pp. 71-86.
7. Ibid., pp. 74-6.
8. Francisco J. Beltrán Tapia et al., "A Brief History of the Reconquista (718-1492 AD): Conquest, Repopulation and Land Distribution". *Documentos de Trabajo de la Sociedad Española de Historia Agraria*, 2004.
9. Peter Karibe Mendy, *Amílcar Cabral: A Nationalist and Pan-Africanist Revolutionary*. Athens: Ohio University Press, 2019, pp. 24-8, 37.
10. Peter Karibe Mendy, "Portugal's Civilizing Mission in Colonial Guinea-Bissau: Rhetoric and Reality". *International Journal of African Historical Studies*, v. 36, n. 1, pp. 35-58, 2003.
11. Ibid., pp. 24-8.
12. Ibid., p. 29.
13. Ibid., p. 33.
14. Luís Reis Torgal, "Estado, Ideologia e História de Portugal". *Revista de História*, v. 8, pp. 345-55, 1988.
15. Stephanie Urdang, "Fighting Two Colonialisms: The Women's Struggle in Guinea-Bissau". *African Studies Review*, v. 18, n. 3, 1975, p. 29.
16. Sónia Vaz Borges, *Militant Education, Liberation Struggle, Consciousness: The PAIGC Education in Guinea-Bissau 1963-1978*. Berlim: Peter Lang, 2019.
17. Sónia Vaz Borges, "The PAIGC's Freedom Fighter. The Process of Becoming Conscious and a Militant (1940's-1972)". In: ______, *Militant Education, Liberation Struggle, Consciousness*, op. cit., pp. 23-53.
18. S. V. Borges, *Militant Education, Liberation Struggle, Consciousness*, op. cit., p. 25.
19. Ibid., p. 119.
20. Ibid., p. 126.

21. Sónia Vaz Borges, "Building and Organizing Educational Structures in Guinea Bissau (1963-1972)". In: ______, *Militant Education, Liberation Struggle, Consciousness*, op. cit., pp. 53-98.
22. R. A. Akindele, "Africa and the Great Powers, with Particular Reference to the United States, the Soviet Union and China". *Africa Spectrum*, v. 20, n. 2, pp. 125-51, 1985; Julião Soares Sousa, "Amílcar Cabral, the PAIGC and the Relations with China at the Time of the Sino-Soviet Split and of Anti-colonialism: Discourses and Praxis". *International History Review*, v. 42, n. 6, pp. 1274-96, 2020; Catarina Laranjeiro, "The Cuban Revolution and the Liberation Struggle in Guinea-Bissau: Images, Imaginings, Expectations and Experiences". *International History Review*, v. 42, n. 6, pp. 1319-38, 2020.
23. Suzanne Lipinska, "Two Weeks With the Guinea-Bissau Liberation Army". In: ______, *Cinéma chez les Balantes*. Trad. de Caroline Higgitt. Ghent: KIOSK, 2014, p. 40.
24. Sónia Vaz Borges, *Militant Education, Liberation Struggle, Consciousness*, op. cit., p. 125; Lilica Boal, "Mulheres de Abril: Testemunho de Lilica Boal", op. cit.
25. S. V. Borges, *Militant Education, Liberation Struggle, Consciousness*, op. cit., p. 66.
26. Ibid., pp. 62-5.
27. S. Urdang, "Fighting Two Colonialisms: The Women's Struggle in Guinea-Bissau", op. cit., p. 30.
28. Ibid.
29. S. Lipinska, "Two Weeks With the Guinea-Bissau Liberation Army", op. cit., p. 9.
30. S. V. Borges, *Militant Education, Liberation Struggle, Consciousness*, op. cit., p. 163.
31. Ibid., pp. 164-6.
32. Marina Padrão Temudo e Manuel Bivar Abrantes, "Changing Policies, Shifting Livelihoods: The Fate of Agriculture in Guinea--Bissau". *Journal of Agrarian Change*, v. 13, n. 4, 2013, p. 575.
33. A. Tomás, *Amílcar Cabral: The Life of a Reluctant Nationalist*, op. cit., p. 127.
34. Maria do Carmo Rebouças da Cruz Ferreira dos Santos, "A recolonização de Guiné-Bissau por meio das representações negativas realizadas pelos organismos internacionais de desenvolvimento: De 'Estado frágil' a 'narco-Estado'". *Desenvolvimento em Questão*,

v. 17, n. 47, pp. 156-78, 2019; A. Tomás, *Amílcar Cabral: The Life of a Reluctant Nationalist*, op. cit.

35. Thomas C. Bruneau, "The Guinea-Bissau Case". In: Paula Shmella e Nicholas Tomb (Orgs.), *Security Forces in African States*. Amherst, NY: Cambria, 2017.

36. Julião Soares Sousa, "Prefácio". In: Luís Barbosa Vicente, *Por uma reinvenção da governabilidade e do equilíbrio de poder na Guiné-Bissau: Diálogos e olhares cruzados a partir da diáspora*. Middletown, CT: publicação independente, 2014, pp. 3-4.

37. Mark Shaw, "Drug Trafficking in Guinea-Bissau, 1998-2014: The Evolution of an Elite Protection Network". *Journal of Modern African Studies*, v. 53, n. 3, pp. 339-64, 2015; Emmanuel Uzuegbu-Wilson, "A Critical Review of Evolutionary Trends of Drug Trafficking in Guinea-Bissau". *Social Science Research Network*, 2019.

38. "Is Cape Verde Doomed to Become a Narco-State?". *ENACT Africa*, 4 jun. 2019. Disponível em: <https://enactafrica.org/enactobserver/is-cape-verde-doomed-to-become-a-narco-state>; Colin Freeman, "The Cocaine Highway: On the Front Line of Europe's Drug War". *Telegraph*, 3 nov. 2019. Disponível em: <https://www.telegraph.co.uk/news/drug-trafficking-in-cape-verde/>.

39. Ashley Neese Bybee, *Narco State or Failed State? Narcotics and Politics in Guinea-Bissau*. Fairfax, VA: George Mason University Press, 2011; Sonia Pires, "Guinea-Bissau Immigrant Transnationalism in Portugal: A Substitute for a Failed State?". *African and Black Diaspora: An International Journal*, v. 6, n. 2, pp. 145-73, 2013.

40. "Guinea-Bissau". *Unesco*, 27 nov. 2016. Disponível em: <http://uis.unesco.org/en/country/gw>; Thomas C. Bruneau, "The Guinea--Bissau Case", op. cit.

41. African Development Bank, "Cape Verde: A Success Story", nov. 2012. Disponível em: <https://www.afdb.org/sites/default/files/documents/projects-and-operations/cape_verde_-_a_success_story.pdf>.

42. Peter Meyns, "Cape Verde: An African Exception". *Journal of Democracy*, v. 13, n. 3, pp. 153-65, 2002; Bruce Baker, "Cape Verde: The Most Democratic Nation in Africa?". *Journal of Modern African Studies*, pp. 493-511, 2006.

43. L. Boal, "Mulheres de Abril: Testemunho de Lilica Boal", op. cit.

44. A. Tomás, *Amílcar Cabral: The Life of a Reluctant Nationalist*, op. cit., p. 137; S. Lipinska, "Two Weeks With the Guinea-Bissau Liberation Army", op. cit., p. 2.
45. S. Lipinska, "Two Weeks With the Guinea-Bissau Liberation Army", op. cit., p. 17.
46. Amílcar Cabral, "Message to the People of Portugal". In: ______, *Revolution in Guinea: An African People's Struggle*. Trad. para o inglês de Richard Handyside. Londres: Stage 1, 1974, pp. 123-5. Disponível em: <https://www.marxists.org/subject/africa/cabral/1969/mpp.htm>.
47. S. Lipinska, "Two Weeks With the Guinea-Bissau Liberation Army", op. cit., p. 42.
48. P. K. Mendy, *Amílcar Cabral: A Nationalist and Pan-Africanist Revolutionary*, op. cit., pp. 64-5.
49. Reiland Rabaka, "Cabral's Critical Theory of Colonialism, Neo-colonialism, and Imperialism". In: ______, *Concepts of Cabralism: Amílcar Cabral and Africana Critical Theory*, 3. Londres: Lexington, 2014, pp. 151-82.
50. José Javier Olivas Osuna, "The Deep Roots of the Carnation Revolution: 150 Years of Military Interventionism in Portugal". *Portuguese Journal of Social Science*, v. 13, n. 2, 2014, p. 224.
51. António Tomás, "Introduction: Decolonising the 'Undecolonisable'? Portugal and the Independence of Lusophone Africa". *Social Dynamics*, v. 42, n. 1, 2 jan. 2016, p. 3. Disponível em: <https://doi.org/10.1080/02533952.2016.1164956>.
52. J. J. O. Osuna, "The Deep Roots of the Carnation Revolution: 150 Years of Military Interventionism in Portugal", op. cit., p. 225.
53. Raquel Varela, "Today, We Celebrate the Carnation Revolution". Entrevista dada a David Broder, *Jacobin*, 25 abr. 2019. Disponível em: <https://jacobin.com/2019/04/portugal-carnation-revolution-national-liberation-april>.
54. António Tomás, "Introduction: Decolonising the 'Undecolonisable'? Portugal and the Independence of Lusophone Africa", op. cit.
55. Noam Chomsky, *Media Control: The Spectacular Achievements of Propaganda*. 2. ed. Nova York: Seven Stories Press, 2002, p. 20. [Ed. bras.: *Mídia: Propaganda política e manipulação*. Trad. de Fernando Santos. São Paulo: WMF Martins Fontes, 2015. A passagem citada segue essa tradução.]

56. "Economic Justice". *The Movement for Black Lives*. Disponível em: <https://m4bl.org/policy-platforms/economic-justice/>.
57. Fantu Cheru, "Democracy and People Power in Africa: Still Searching for the 'Political Kingdom'". *Third World Quarterly*, v. 33, n. 2, pp. 265-91, 2012; Jeffrey Williams, "The Pedagogy of Debt". *College Literature*, v. 33, n. 4, pp. 155-69, 2006.
58. Donella H. Meadows, *Thinking in Systems: A Primer*. Hartford, VT: Chelsea Green, 2008, p. 80.
59. Merrit Kennedy, "Lead-Laced Water in Flint: A Step-by-Step Look at the Makings of a Crisis". *NPR*, 20 abr. 2016. Disponível em: <https://www.npr.org/sections/thetwo-way/2016/04/20/465545378/lead-laced-water-in-flint-a-step-by-step-look-at-the-makings-of-a-crisis>.
60. Olúfẹ́mi O. Táíwò e Liam Kofi Bright, "A Response to Michael Walzer". *Dissent Magazine*, 7 ago. 2020. Disponível em: <https://www.dissentmagazine.org/online_articles/a-response-to-michaelwalzer>; Robin D. G. Kelley, "What Did Cedric Robinson Mean by Racial Capitalism?". *Boston Review*, 12 jan. 2017. Disponível em: <https://bostonreview.net/race/robin-d-g-kelley-what-didcedric-robinson-mean-racial-capitalism>; Yousuf Al-Bulushi, "Thinking Racial Capitalism and Black Radicalism from Africa: An Intellectual Geography of Cedric Robinson's World-System". *Geoforum*, 31 jan. 2020. Disponível em: <https://doi.org/10.1016/j.geoforum.2020.01.018>.
61. Ole F. Norheim et al., "Difficult Trade-Offs in Response to COVID-19: The Case for Open and Inclusive Decision Making". *Nature Medicine*, v. 27, n. 1, pp. 10-3, 1 jan. 2021. Disponível em: <https://doi.org/10.1038/s41591-020-01204-6>; Kyle Powys Whyte e Robert P. Crease, "Trust, Expertise, and the Philosophy of Science". *Synthese*, v. 177, n. 3, pp. 411-25, 2010; Gabriele Contessa, "It Takes a Village to Trust Science: Towards a (Thoroughly) Social Approach to Social Trust in Science". 2021. Artigo científico não publicado.
62. Micah Herskind, "Some Reflections on Prison Abolition after #MUMI". Medium, 7 dez. 2019. Disponível em: <https://micahherskind.medium.com/some-reflections-on-prison-abolition-after-mumi-5197a4c3cf98>.
63. Firoze Manji, "Amílcar Cabral and Ken Saro-Wiwa: Their Commonalities on Culture and the Struggle for Freedom". *Ukombozi*

Review, 6 set. 2020. Disponível em: <https://ukombozire-view.com/2020/09/06/amilcar-cabral-and-ken-saro-wiwa-their-commonalities-on-culture-and-the-struggle-for-freedom/>.

64. Caroline Shenaz Hossein (Org.), *The Black Social Economy in the Americas: Exploring Diverse Community-Based Markets*. Nova York: Palgrave Macmillan, 2017; Caroline Shenaz Hossein, "Daring to Conceptualize the Black Social Economy". In: ______, *The Black Social Economy in the Americas: Exploring Diverse Community-Based Markets*, pp. 1-13; Jessica Gordon Nembhard, *Collective Courage: A History of African American Cooperative Economic Thought and Practice*. University Park, PA: Penn State University Press, 2014.

65. Joe William Trotter Jr., *Workers on Arrival: Black Labor in the Making of America*. Berkeley: University of California Press, 2019; Olúfẹ́mi O. Táíwò e Dylan Plummer, "Just Transition: Learning From the Tactics of Past Labor Movements". *The Trouble*, 12 out. 2020. Disponível em: <https://www.the-trouble.com/content/2020/10/12/just-transition-learning-from-the-tactics-of-past-labor-movements>.

66. S. Urdang, "Fighting Two Colonialisms: The Women's Struggle in Guinea-Bissau", op. cit.

67. Anthony Faiola, "Egypt's Labor Movement Blooms in Arab Spring". *The Washington Post*, 25 set. 2011. Disponível em: <https://www.washingtonpost.com/world/middle-east/egypts-labor-movement-blooms-in-arab-spring/2011/09/25/gIQAj6AfwK_story.html>; "The Arab Spring and Independent Trade Unions: High Hopes and New Challenges. ITUC Survey of Violations of Trade Union Rights". *Survey of Violations of Trade Union Rights*. Disponível em: <https://survey.ituc-csi.org/The-Arab-Spring-and-independent.html?lang=en>; S. Urdang, "Fighting Two Colonialisms: The Women's Struggle in Guinea-Bissau", op. cit.

68. Dominika V. Polanska, Hannes Rolf e Scott Springfeldt, "Tenants Organizing: Precarization and Resistance". *Radical Housing Journal*, v. 3, n. 1, pp. 121-9, 2021.

69. Jim Shultz, "The Cochabamba Water Revolt and Its Aftermath". In: Jim Shultz e Melissa Crane Draper (Orgs.), *Dignity and Defiance: Stories from Bolivia's Challenge to Globalization*. Berkeley: University of California Press, 2009, pp. 9-44; Debt Collective, *Can't Pay, Won't Pay: The Case for Economic Disobedience and Debt Abolition*. Chicago: Haymarket, 2020.

70. Amílcar Cabral, "National Liberation and Culture". In: ______, *Return to the Source: Selected Speeches of Amílcar Cabral*. Nova York: Monthly Review, pp. 39-57. [Ed. bras. In: Carlos Comitini, *Amílcar Cabral: A arma da teoria*. Rio de Janeiro: Codecri, 1980. As citações do livro acompanham as palavras originais do autor.]
71. Ibid., pp. 40-1, 43.
72. Ibid., pp. 51-2.

5. O objetivo é mudar [pp. 139-47]

1. Karl Marx, "Theses on Feuerbach". In: Karl Marx e Friedrich Engels, *Selected Works*. Moscou: Progress, 1969. 1. v., pp. 13-5. [Ed. bras.: *Ludwig Feuerbach e o fim da filosofia clássica alemã*. São Paulo: Boitempo, 2024.]
2. Andaiye, "The Contemporary Caribbean Struggle". In: Alissa Trotz (Org.), *The Point Is to Change the World: Selected Writings of Andaiye*. Londres: Pluto, 2020. [Ed. bras.: *O importante é transformar o mundo: Textos escolhidos de Andaiye*. Trad. de Dafne Melo. São Paulo: Funilaria, 2022.]
3. Clem Seecharan, "Foreword". In: Alissa Trotz (Org.), *The Point Is to Change the World*, op. cit.
4. Andaiye, "The Contemporary Caribbean Struggle", op. cit.
5. Global Facility for Disaster Reduction and Recovery, "Stories of Impact: Communicating Flood Risk Along Guyana's Coast. Guyana". *ReliefWeb*, 3 nov. 2016. Disponível em: <https://reliefweb.int/report/guyana/stories-impact-communicating-flood-risk-along-guyana-s-coast>.
6. Ruth Wilson, *Gilmore, Golden Gulag: Prisons, Surplus, Crisis, and Opposition in Globalizing California*. Berkeley: University of California Press, 2007, pp. 176-8. [Ed. bras.: *Califórnia Gulag: prisões, crise do capitalismo e abolicionismo penal*. Trad. de Bruno Xavier. São Paulo: Igrá Kniga, 2024.]
7. Keeanga-Yamahtta Taylor, *How We Get Free: Black Feminism and the Combahee River Collective*. Chicago: Haymarket, 2017, p. 117.
8. Briana Toole, "From Standpoint Epistemology to Epistemic Oppression". *Hypatia*, v. 34, n. 4, pp. 598-618, 2019; Briana Toole, "Demarginalizing Standpoint Epistemology". *Episteme*, v. 1, 2020, p. 19.

9. Agnes Callard, "Angry Forever". *Boston Review*, 16 abr. 2020. Disponível em: <https://bostonreview.net/forum/agnes-callard-philosophy-anger>.
10. Nick Estes (@nickwestes), Twitter, 4 set. 2020, 4:40 pm. Disponível em: <https://twitter.com/nickwestes/status/1301998637740851201>.
11. Jane Howard, "Doom and Glory of Knowing Who You Are". *Life*, 24 maio 1963.

Índice remissivo

ESTA OBRA FOI COMPOSTA POR MARI TABOADA EM DANTE PRO E IMPRESSA EM OFSETE PELA GRÁFICA HROSA SOBRE PAPEL PÓLEN NATURAL DA SUZANO S.A. PARA A EDITORA SCHWARCZ EM SETEMBRO DE 2025

FSC
www.fsc.org
MISTO
Papel | Apoiando o manejo florestal responsável
FSC® C107752

A marca FSC® é a garantia de que a madeira utilizada na fabricação do papel deste livro provém de florestas que foram gerenciadas de maneira ambientalmente correta, socialmente justa e economicamente viável, além de outras fontes de origem controlada.